Eva-Maria von Schablowsky

Hilfe — mein Mann läuft

Bei-läufiges, heiter skizziert

Meyer & Meyer Verlag

CIP-Kurztitelaufnahme der Deutschen Bibliothek

Eva-Maria von Schablowsky
Hilfe — mein Mann läuft: Bei-läufiges, heiter skizziert / Eva-Maria von Schablowsky
Aachen: Meyer & Meyer Verlag, 1986
ISBN 3-89124-045-7

Gesetzt aus der Bodoni, Fotosatz Sigrid Münch, Kall
Druck: Queck Offset Druck, Jüchen 2
Printed in Germany 1986

2. erweiterte Auflage
1. Auflage erschien unter ISBN 3-9801003-0-8
im E v Schablowsky Verlag

Inhalt

Geleitwort

Unzählige Jogger sind heute nicht nur auf allen Wegen und in allen Wäldern, sondern auch in aller Munde.

Was treibt nun so viele Menschen zu dieser Sportart? Wie fängt es an mit der Lauferei, wohin führt sie? Was sagen Umwelt und Familie dazu — und wo bleibt, bitte schön, der Humor bei dieser Sache?

All diese Fragen werden im folgenden Buch in lockerer Art diskutiert und beantwortet. Die Autorin, die selbst nicht läuft, ihren Mann jedoch ständig bei Ausübung seiner sportlichen Aktivitäten begleitet, hat mit fröhlicher Feder für jeden etwas zu Papier gebracht.

So wird manche Läuferfrau sich und das Familienleben auf der einen oder anderen Seite wiederfinden, aber auch der Läufer selbst wird, neben der Beschreibung vieler Wettkampfgeschehen, auf Respekt und Verständnis für seinen Sport stoßen.

Selbst der Nichtläufer wird von der Lektüre nicht enttäuscht sein, denn dieses Buch, das hier in stark erweiterter Neuauflage vorliegt, darf für sich in Anspruch nehmen, bereits viele Leser erheitert zu haben.

Kleine Definition des Laufens

Die Tatsache, daß auch eine Nase oder ein Geschäft laufen können, berechtigt zu der Klarstellung, daß es sich hier um Geschöpfe mit zwei oder mehr Beinen handelt. Wäre es nur ein Bein, hieße es hüpfen und wäre so anstrengend, daß es die Natur nicht einem einzigen Lebewesen zumutet.

Um nun aber noch genauer zu werden: Hier soll von Männern die Rede sein, die schnell und immer schneller laufen, ohne es eilig zu haben. Das ist ein bißchen schwer zu verstehen, aber viel besser können sie selbst es auch nicht erklären. Was sie betreiben, nennt man in Amerika Jogging; ein Wort, das erst durch Werbung zu dem wurde, was hier das Laufen schon immer war. Es kommt von »be jogging«, was mit »sich auf die Beine machen« übersetzt wird. Und das ist natürlich den meisten Deutschen, selbst einige Jahrzehnte nach dem Ende des Preußischen Staates mit seinem sprichwörtlichen Drill, zu wenig.

Außerdem ist dieses Modewort zu einem gewissen Mißklang gekommen, seitdem ein berühmter Jogger vor den surrenden Kameras der Weltpresse etwas unattraktiv in die Arme seiner Leibwächter sank, die entschieden besser trainiert waren als er. Wer es also wirklich ernst meint, bleibt lieber bei dem deutschen Begriff Langlauf.

Nun gibt es aber einige sehr feine, sprachliche Unterscheidungen. Man kann z. B. einfach herumlaufen, was ohne einen bestimmten Zweck ziemlich zwecklos wäre. Man kann aber auch weglaufen, was ansich von »einen Weg laufen« abgeleitet wird, der nun aber absolut nicht immer vorhanden sein muß. Jeder Langläufer schlägt sich gelegentlich in die Büsche, besonders, wenn er mal muß.

Speziell als Mann kann man aber auch seit Urzeiten davonlaufen — und davor scheinen viele Frauen Angst zu haben. Hinterherzulaufen wäre in diesem Falle wohl das Verkehrteste; wunderbar dagegen ist das Mitlaufen, aber nicht jederfraus Sache. Zu ihrem Trost möchte ich jenen von Eifersucht Geplagten nur sagen, daß ein richtiger Läufer so gestreßt ist, daß er für amouröse Kapriolen weder Zeit noch Kraft hat. Oder könnten Sie sich vorstellen, daß sich eine Jüngere, Hübschere sterblich in einen Mann verliebt, der sie nur mit den Bestzeiten der letzten zehn Jahre unterhält? Vielleicht eine von diesen langbeinigen schicken Mädchen, die es überall gibt; ständig auf der Pirsch, sich untereinander aber doch beklagend, die Welt wäre voll von verheirateten (!) Männern? Schon beim ersten Rendezvous mit solch einer flotten Biene würde wahrscheinlich *sie* laufen gehen — womit wir wieder beim Thema wären.

In allen Getränken mit Ausnahme von Wasser sind Kalorien versteckt, und alles, was gut schmeckt, erhöht das Startgewicht. Dieses wiederum läßt an Rennpferde denken, was einem Flirt nicht gerade dienlich ist. Schon G. B. Shaw sagte angeblich: »Alles was Spaß macht, ist entweder teuer — oder unmoralisch — oder es macht dick.« Ans Tanzen hat er dabei wohl nicht gedacht, aber da man hierfür nicht die geliebten Laufbotten anziehen könnte, handelte man sich möglicherweise Blasen an den Füßen ein. Man müßte also gänzlich umschalten — und so schön, glauben Sie mir, kann keine Frau sein!

Die Abstinenz von all den erwähnten Köstlichkeiten kann man nur der eigenen Ehefrau zumuten und hängt nur selten dem Wunschtraum manches Artgenossen nach, der gern seine Vierzigjährige gegen zwei 20jährige eintauschen würde.

Sollte vielleicht daher der Begriff Wechseljahre kommen?

Es fing so harmlos an

Die schlimmen Zeiten der Bezugscheine haben wir ja hoffentlich ein für allemal hinter uns. Daß es, wenn man alt genug ist, einen Schein gibt, der Trauschein genannt wird und auf den man dann Kinder bekommen kann, ist eine stark überalterte Mär. Aber Vorsorgescheine zur Früherkennung von Krebserkrankungen, die gibt's, und zwar jedes Jahr neu und völlig gratis.

Nun möchte man mit Eugen Roth meinen:

»Im Kostenlosen liegt ein Reiz, man frißt's hinein aus purem Geiz.« Aber das scheint nur zu stimmen, wenn es sich um ein Kaltes Büfett handelt.

Was hält so viele Menschen von einer Routineuntersuchung ab? Ist es die Scheu, sich vor einem anderen auszuziehen, verbunden mit der Befürchtung, dabei könnte all das sichtbar werden, was zum Schaden der Gesundheit getan oder unterlassen wurde? Bekanntlich sind Messer und Gabel die gebräuchlichsten Waffen wider den homo sapiens, aber es gibt auch andere, die ganz gut funktionieren.

Bis zu einer bestimmten Reife und Einsicht mißachtet der Mensch oft seine Gesundheit, um möglichst viel Geld zu verdienen — und wäre später glücklich, wenn dieses Geld ausreichen würde, um seine Gesundheit wiederzuerlangen.

Es gibt jedoch auch ganz gewissenhafte Gesundheitsapostel. Wenn sie sagen: »Einmal im Jahr sollte man ... « meinen sie nicht immer ihr Auto, sondern regelmäßig auch ihren ganz persönlichen TÜV: Sie nehmen ihren Vorsorgeschein und gehen zum Arzt.

Zu diesen Menschen gehört mein Mann.

Das war nun gottlob jahrelang gutgegangen. Was die Maschinerie der medizinischen Techniker über ihn ausspuckte und der »Chefmechaniker mit feinstem Fingerspitzengefühl« zusammenfassend vermeldete, ließ ihn immer ohne Anschlußtermin bei dem jeweiligen Arzt wieder nach Hause kommen.

Wenn dann Schwiegermutter, Frau und Tochter überängstlich, leicht besorgt und ein ganz klein wenig sensationslüstern (man beachte die Reihenfolge!) fragten, was denn der Arzt gesagt hätte, kam mit der Regelmäßigkeit verregneter Sommer die schließlich fast schon peinliche Antwort: »Ich wäre ein medizinisch uninteressanter Fall.«

Bis einmal auffiel, daß sein Herz zwar gesund, aber untrainiert sei. Seitdem es laufende Ärzte gibt, ist die ärztliche Versorgung halt laufend besser geworden.

Wenn man nun aber so gar keine Erfahrung mit Krankheiten hat — nicht einmal heimwehkrank ist dieser Mensch je gewesen! — und selbst bei der Wiedergabe von Gehörtem hoffnungslos alle Organe durcheinanderwirft, ist solch eine Auskunft über den eigenen Körper schon eine ziemlich weltbewegende Sache.

Was tun??!

Beim Durchchecken sämtlicher Sportarten blieb schließlich der Langlauf im Netz der Überlegungen hängen. Die ersten Bücher hierüber wurden angeschafft, die ersten »Schritte« unternommen.

Aber erst im Urlaub ging's dann richtig los. Zunächst kamen die Brötchen aus dem nahen Supermarkt laufend auf den Tisch, dann von einer entfernteren Einkaufsmöglichkeit. Die Backerzeugnisse waren gut, aber der Weg als Trainingsstrecke angeblich zu kurz! Die Zwischenstationen will ich Ihnen ersparen, jedenfalls mußte schließlich der Wecker gestellt werden, damit der Einkäufer ausreichend Zeit hatte, ans andere Inselende und zurück zu kommen, um der Restfamilie ein ordentliches Ferienfrühstück vor der Mittagszeit zu ermöglichen. Wenn wir uns pharisäerhaft an die stark abgekühlte Brust schlugen, weil bei 17 Grad Wassertemperatur außer uns kaum jemand gebadet hatte, war ihm vom Strandlauf »ganz warm«. Sozusagen als Souvenir dieses Urlaubs trat dann das erste Sportabzeichen mit uns die Heimreise an. Seitdem macht er in ständig zunehmendem Maße Reklame für die VW-Reklame: er läuft und läuft.

Hoffentlich überholt er sich nicht eines Tages selbst ...

Das Umfeld des Läufers

Hier möchte ich dort beginnen, wo eigentlich alles seinen Anfang hat oder doch wenigstens haben sollte; gemeint ist die engste Familie des Läufers. Kinder, die bereits aus ihrer »wegen Umbau vorübergehend geschlossen«-Phase als sehr erwachsene Wesen hervorgegangen sind und ihren Eltern mit erstaunlichem Nachdruck klarmachen, daß die bisherige und überwiegend häusliche Erziehung nun aber endlich außer Haus ihren Fortgang finden müsse, um nicht in Unselbständigkeit zu versacken, erfassen das Ganze mit einem knappen Satz: »Grüß Papi, ich sehe ihn ja kaum noch.« Raus sind sie.

Der gleiche messerscharfe Logos, angewandt in einem Schulfach, müßte z.B. in Deutsch zu einer Traumnote führen. Aber lassen wir das, die Herrschaften sind sehr sensibel und lassen sich ganz konsequent in bestimmte Dinge nicht mehr hineinreden. So kurz sind heute siebzehn Jahre!

Wie leicht hat man es dagegen als Jahrgang '35, da quasi vom ersten Tage an auf Gehorsam gedrillt. Man reiht es in die drei großen S — Schaffen, Schenken, Schweigen — mit ein und nimmt es sozusagen als Berufsrisiko. Schließlich ist man ja nicht nur aus eigenem Entschluß, sondern auch mit fliegenden Fahnen Ehe- und Hausfrau plus Mutter geworden.

Und was einem Kind recht ist, muß einfach dem Manne billig sein.

Die schönen Jahre mit den geregelten Mahlzeiten sind sowieso spätestens mit Erreichen der Oberstufe vorbei. Da ein relativ ausbalancierter Stundenplan an einer vierzügigen Schule ein kleines Kunstwerk ist, weiß man eben je nach Wochentag, wann man Hunger zu haben hat.

Wenn man aber beim etageninternen Anruf im Büro hört: »Ist das Mittagessen denn schon fertig? Ich wollte vorher noch eben laufen«, gibt es nicht nur im Magen Turbulenzen. Da das »noch eben« nämlich unter zwei Stunden nicht beendet ist, braucht man sich über handfeste Bemerkungen von Sprößlingen nicht zu wundern. Wer sechs oder mehr Stunden in der Schule gebüffelt hat, muß sich einfach schnell »etwas hineinwerfen«, während Hungerkünstler, wie von Kafka beschrieben, früher nach Art der Zirkustiere von Ort zu Ort geschafft und in Käfigen bestaunt wurden. Heutzutage machen sich sogar Staatsoberhäupter, wie Bundespräsident Heinemann vor einigen Jahren, auf den Weg in Gefängnisse, falls dort besonders wertvolle Häftlinge (Terroristen) das Essen verweigern. Ein Patenkind, das ebenfalls immer nicht essen wollte, davon dann aber doch 1,75 m groß und recht kräftig wurde, machte bei der Androhung solch hohen Besuches große runde Kinderaugen, obwohl es doch noch nicht wissen konnte, was ein Politiker mit seinem vollen Teller zu tun hat. Ich wußte das übrigens auch nicht.

Jedenfalls kann man ganz offensichtlich seinen gestählten Körper trotz gleichbleibender Leistungsanforderung ab und zu etwas bemogeln, eine Hauptmahlzeit durch eine Banane ersetzen und die kostbarsten Gläser, gedacht für Kullerpfirsich (großer Durst) oder Sekt (schmaler hoher Durst) mit Mineralwasser füllen — und das Ganze sehr genießen. Aber nicht immer muß es gänzlich ohne »Schuß« abgehen; ein bestimmtes Quantum GALAVITA sorgt dafür, daß selbst das Wasser nicht mehr schmeckt. Und selbst beim Wasser gibt es noch Unterschiede. So lernt man, daß es nicht nur einen stillen Gruß, sondern auch stilles (Tafel-) Wasser gibt, nämlich ohne jede Kohlensäure. Zu behaupten, daß es nach »Laternenpfahl ganz unten« schmeckt, wäre maßlos übertrieben, denn nichts ist köstlicher als Quellwasser. Wenn es jedoch im häuslichen Getränkeboy entspringt statt naturfrisch in einer schönen Landschaft, schmeckt es halt schon ein bißchen nach — wie es auf Schwyzerdütsch heißt — Plöderliwasser.

Beliebt ist natürlich alles Vegetarische, hat aber den Nachteil, daß es pünktlich gegessen werden muß, bevor es verwelkt.

Wie tröstlich, daß selbst magerste Menschen bei Bewegung nicht klappern!

Die Familie im weiteren Sinne

Hier muß ich vorausschicken, daß mein Mann eine ausgesprochen große Verwandtschaft hat. Die meisten dieser Menschen lieben wir sehr und dürfen gleichen Tatbestand auch in umgekehrter Richtung annehmen. Trotzdem bin ich ganz sicher, daß so dezent formulierte Sätze wie: »E., paß' auf den G. auf!« im Klartext bedeuten, daß man beunruhigt ist. Der Gute wird sicher nicht sorgfältig genug bekocht, er sieht ja so elend aus. Nur Angeheiratete haben sich zuweilen ihre Objektivität bewahrt und wissen, daß man mit aufpassen entweder das Gegenteil oder bestenfalls gar nichts erreicht.

Doch was auf der einen Seite Sorge um den Jungen (M 55!) ist, gereicht einem in der eigenen Sippschaft zum Lob. Schließlich bringt nicht jede Familie eine Frau hervor, die alles mitmacht.

Nur in der Bewunderung der tollen Leistung und glanzvoller Zeiten bei Wettkämpfen sind dann beide Lager wieder absolut einer Meinung.

In solch einer großen Familie gibt es natürlich auch häufig Anlässe zum Feiern, und da ist es nur verständlich, daß jeder so vorteilhaft wie möglich zum Fest erscheinen möchte. So gehört zur generalstabsmäßigen Vorbereitung auch jedesmal eine Kleiderprobe. Bisher alles Dinge, wie sie überall sind. Doch nun zum Läufer!

Beim Smoking fängt es schon an. Die Jacke sieht aus, als hinge sie auf einer Stange, im Hosenbund könnte er wenden, und der Hosenboden hängt fast in den Kniekehlen. Zum Glück schaffte ein resolut geführtes Änderungsatelier Abhilfe. Dieser Italiener hatte eine sehr genaue Vorstellung davon, wie eine Hose bei vorhandener guter Figur zu sitzen hat. Ob der Träger darin auch bequem untergebracht ist, interessierte ihn kaum.

Dann das Smokinghemd. Als Braut wurde mir glaubhaft beigebracht, daß Kragen und Manschetten *der* Schmuck des Mannes sind und gleichzeitig die Visitenkarte der Frau. Nun hat so jeder Mensch seine eigene Vorstellung von dem, was ihn schmückt, besonders der Läufer, der sich schlank, elastisch und jugendlich fühlt und meint, das allein mache ihn schon zum Star jeder Veranstaltung.

Jedoch die Visitenkarte der Frau!? Was nützt ein blendendes Weiß und ein meisterhaft gesteuertes Bügeleisen, wenn man in den Kragen aus einem Meter Entfernung Murmeln werfen könnte, weil der Hals, der darin steckt, wieder Knabenmaße angenommen hat! Eine Neuerwerbung schien unumgänglich und tatsächlich wurde auch ein Einkauf getätigt, nur war es kein neues Smokinghemd, das zu Hause stolz präsentiert wurde, sondern das fünfte Paar Laufschuhe.

Wenn andere Damen aus ihren Winztäschchen Lippenstift und Puderdose holen, krame ich mein Notizbüchlein mit den neuesten Zeiten meines Mannes hervor, denn bei einer derartigen Fülle von Laufterminen kann ich zwar ganz sicher die Städte, aber weniger sicher die verschiedenen Distanzen und so gut wie gar nicht die exakten Zeiten behalten, denn hier kommt's auf die Sekunde an. Unter Einwirkung von Kaffee, Sekt und vor allem guter Tanzmusik bekommen meine Gedanken regelmäßig Flügel und ich wäre zu keiner technischen Auskunft mehr fähig. Das würde einem Läufer nie passieren.

Wenn die anderen am nächsten Morgen etwas lädiert und unausgeschlafen zum Katerfrühstück erscheinen, hat er, da am Abend wenig gegessen, kaum etwas getrunken und selbstverständlich nichts geraucht, schon wieder ein paar Trainingsrunden hinter sich.

Lebensfreude hat eben sehr viele, sehr unterschiedliche Ausdrucksformen.

Freunde, Bekannte und andere Menschen

Die Feststellung, es gäbe »Menschen, Indianer, Polizisten und meine Großmutter« ist nicht ganz richtig. Zum Beispiel gibt es bei uns eine größere Anzahl von Freunden, mit denen wir, genau genommen, auch verwandt sind. Die daraus resultierende doppelte Bindung tut dem Läufer so gut wie dem Steher oder besser gesagt: Dem Aktiven wie dem Passiven. Ihnen ist keine Anfahrt zu weit, um dabei zu sein, wenn ihr Vetter an großen Läufen teilnimmt; kein Taxi zu teuer, um ihn auf der Strecke im Chor zu ermutigen und seinen Laufstil in allen Phasen zu fotografieren. Ich will hier nicht ins Schwärmen kommen, aber sie sind schon toll und eine echte Läuferstütze.

An dieser Stelle möchte ich eine kleine Episode einflechten. Daß sie etwas mit dem Laufen zu tun hat, werden Sie bei etwas Geduld lesen.

Wir warteten auf einer Italienreise in Mailand den Durchzug eines regennassen Tiefdruckgebietes ab und gingen unter Auslassen eines Abendessens in die Scala. Die Eintrittskarten bot uns ein cleverer Schwarzhändler an. Er begann mit einem Preis im Gegenwert eines Chateaubriand — wir lehnten ab — und endete, da die Zeit bis zum Beginn der Vorstellung allmählich knapp wurde, bei einem Gegenwert von Spaghetti. Da nahmen wir an.

Sechster Rang, Eingang seitlich, um uns herum offensichtlich Könner und Kenner mit Partituren in der Hand. Vor bzw. mehr unter uns eine Gala-Aufführung unter Karajan: Tristan und Isolde.

Für einen leeren Magen sollte man besser eine etwas kürzere Oper wählen.

Die elektrische Digitaluhr über der Bühne sprang alle fünf Minuten um. Als sie das schon etwa fünfzigmal getan hatte — viereinhalb Stunden dauert dieses vertonte Drama insgesamt — lebte Isolde immer noch. Als sie es schließlich geschafft hatte, waren auch wir geschafft.

Nun ist zum Glück der menschliche Geist so konstruiert, daß er das Schöne lebhafter in Erinnerung behält als das Unangenehme. Jedenfalls erzählten wir später oft von diesem Musikerlebnis, und unsere Zuhörer teilten sich in exakt zwei Lager. Sie sagten entweder: »Oh, wie schön!« (Wagnerianer) oder aber: »Ihr Ärmsten!«

So ähnlich ist es mit der Reaktion bei anderen Frauen auf die Bemerkung: »Mein Mann läuft.« Ist die Gesprächspartnerin wie gekniffen und strahlt bis zur letzten Zahnplombe, denkt sie an das Phlegma ihres Mannes, möglicherweise auch an ein Brauereigeschwür, und wie toll es wäre, wenn auch er ... Er wollte ja schon seit langer Zeit und habe bereits einen An-lauf genommen. Der Gedanke und der Wille sind häufig vorhanden, aber das Fleisch ist nicht nur zu teuer, sondern auch zu schwach.

Oder aber es erscheint auf dem Gesicht der anderen ein schwesterlich-mildes Lächeln, an dem sich zwei Leidensgenossinnen erkennen wie Logenbrüder am Händedruck. Sie also weiß, wie das in der Praxis läuft, daß sämtliche Türklinken ständig mit durchschwitzten Sachen dekoriert sind und jedes Waschbecken temperamentvoll benutzt wird, auch wenn die Gäste bereits im Anmarsch sind. Der Gipfel in dieser Richtung ereignete sich neulich. Der blanke Fußboden der Küche wies noch deutliche Spuren davon auf, daß dieser Raum zum Abdampfen nach dem Brühbad benutzt worden war: um zwei feuchte Füße herum hatte es wohl von allem, was vorsteht, z. B. Nase und Kinn, fleißig getropft ...

Körperpflege und Gymnastik

Manche Männer halten sich von vornherein für einen Adonis, was also durchaus rechtfertigt, daß sie das Badezimmer nicht nur am längsten blockieren, sondern dort auch für größtmögliche Verteilung von Wasser außerhalb der dafür vorgesehenen Behälter sorgen. Waschlappen mögen Männer nicht. Ob das immer auch zu großer Sauberkeit geführt hat, wage ich zu bezweifeln, weil manchmal die Seife nach einer solchen Spritz-Pruste-Prozedur völlig trocken war. Ich spreche in der Vergangenheit, weil das bei einem Läufer natürlich ganz anders ist. Jetzt wird ja soviel geschwitzt, daß nur noch Dusche oder Wanne in Frage kommen. Bei derartiger Durchspülung der Schweißdrüsen und der permanenten Planscherei braucht zwar an sich nicht mehr für Beseitigung von Schweißgeruch gesorgt werden, so unlogisch das klingen mag. Mir fällt dabei das Fruchtwasser ein, das angeblich das sauberste Wasser überhaupt sein soll. Im Vergleich zu anderen »stehenden Gewässern« mag das zutreffen. Aber auch zur Entspannung der Muskulatur ist ein Wannenbad wichtig.

So weit, so gut, doch nun kommt's. Erstens gibt es ebenfalls muskelentspannende Badezusätze, die trotz gepfefferter Preise reichlich konsumiert werden und mit ihrer hohen Konzentration ätherischer Öle durchs ganze Haus ziehen. Wenn sie sich dann mit den Düften aus der Küche vereinigen, ergibt das eine Mischung, die die Nase beleidigt. In der Terminologie von Kindern heißt das ganz einfach: »Hier stinkt's mal wieder.« Zweitens wird aus vorgenanntem Grund die Wassertemperatur so extrem hochgehalten, daß nicht nur sämtliche Spiegel und Armaturen beschlagen, sondern auch die gekachelten Wände es dem Hausherrn gleichtun: sie laufen! Wäre nicht jegliches Fett bereits abtrainiert, müßte dieses heiße Badewasser fast Bouillonaugen aufweisen. Es ist erstaunlich, was der menschliche Körper aushält, wenn eine bestimmte erwünschte Wirkung von der Tortur erwartet wird. Unser Badethermometer hat es übrigens nicht ausgehalten. Es zeigte in der Ostsee (August '81) 29 Grad an; kaputter kann ein Gegenstand wohl kaum sein.

Ist man diesem »Hexenkessel« lebend entstiegen, wird mit Wonne und Ausdauer frottiert, gebürstet und geölt — neue Duftwolke! — und dann auf die Waage gestiegen. Falls dieses Möbelstück wie bei uns etwas altersschwach ist und sich nach mehrmaligem Besteigen von immer niedrigerer Seite zeigt, wird dies natürlich in Serie praktiziert. Da sie, die Waage, auch noch quietschte, konnte die ganze Familie mitzählen. Wurde das angezeigte Gewicht schließlich doch höher, weil die Spannkraft der Feder nachließ, hieß es: »Die Waage taugt nichts.«

Sie hören schon an der Vergangenheitsform, daß wir inzwischen eine neue Personenwaage besitzen, elektronisch und mit Digitalanzeige ausgestattet, die es auf hundert Gramm genau nimmt. Jedesmal, wenn sich der Läufer zum Wiegemanöver sämtlicher Hüllen entledigt, nehme ich mir vor, an langen Winterabenden die Tara in die Wäschestücke einzusticken. Nur warte ich auf diese beschäftigungslosen Abende schon seit eh und je vergeblich.

Zu der fast einstündigen Gymnastik kann ich an sich wenig sagen, weil sie hinter geschlossener Zimmertür (und geöffneter Terrassentür) stattfindet.

Wenn man auch von solch einem tollen Mann kein Stöhnen oder Gelenkeknacken erwartet, so mache ich mir doch manchmal so meine besonderen Gedanken, wenn die Zeitung in keinem anderen Raum auffindbar ist ...

Das Laufen und die Liebe

Wenn man seinen Partner liebt, sollte man ihn in keinem Falle laufenlassen, aber in jedem Falle laufen lassen, falls er dies möchte. Jeder Mensch hat das Anrecht auf wenigstens eine Schwäche, die beim Langläufer mit etwas Geduld und Ausdauer sehr schnell zur Stärke wird. Wer sich entschließt, eine so große Portion seiner Freizeit mit Konsequenz einer so anstrengenden Tätigkeit wie dem Langlauf zu opfern und auch unter ungünstigsten Bedingungen sein Training nicht unterbricht, ist per se ein vorbildlicher Charakter und wird auch in anderen Lebens- und Liebeslagen ein standhafter Mensch sein.

Von Natur aus ist jeder Mensch träge, aber der Läufer fordert jeden Tag von sich selbst Überwindung und Treue zum einmal begonnenen Sport. Wie man sieht, kommen bei dem, was anfänglich nur die gemeinsamen Stunden zu schmälern scheint, schon bald sicht- und fühlbare Tugenden heraus, die in Form von Ausgeglichenheit und freudiger Aktivität der ganzen Familie zugute kommen. Auf die zuweilen geäußerte Bemerkung, das Laufen stärke die Libido (nicht zu verwechseln mit Libero) möchte ich hier nicht näher eingehen. Heitere Betrachtungen sollten nicht allzu sehr ins »Eingemachte« gehen.

Nach all diesen vielen, reichlich trockenen Lobpreisungen will ich jetzt lieber von dem sprechen, was einer ansonsten passiven Ehehälfte zukommt und nicht nur eine ganze Frau verlangt, sondern absolut etwas mit der Überschrift zu tun hat. Gemeint ist das Mitfeiern der Erfolge bei Wettkämpfen, wozu eigentlich jedes halbwegs gute Ankommen gehört. Selbst ein Medaillengewinner würde meines Erachtens gern mit jemand tauschen, der hinterher zu Hause liebevoll empfangen und kulinarisch bestens versorgt wird. Nach all den Konsultationen der Waage darf nämlich jetzt aus dem Gourmet wenigstens für kurze Zeit einmal ein Gourmand werden. Daß die Mengen den Eichstrich nicht übersteigen, dafür sorgt schon die gerade beim Langläufer gut ausgebildete Disziplin — und ganz im Hinterkopf der nächste Wettbewerbstermin!

Aber ein bißchen Kerzenschein und festliche Musik haben noch nie geschadet. Solche kleinen heimischen Festakte lassen die überstandene Strapaze eines Einzelnen zum gemeinsamen Erfolgserlebnis werden. In solch einer Stimmung wird dann ganz sicher auch lobend erwähnt, daß man mit der Stoppuhr und als Chauffeur am Unternehmen beteiligt war. Das macht dann wieder gut, daß man manchmal, selbst in Belletristik vertieft, beim Vorlesen von Läufersensationen aus dem neuesten CONDITION-Heft nur etwas unwillig und abwesend reagierte. Das Wort »toll« oder »Donnerwetter« paßt übrigens immer und man kann fast nahtlos weiterlesen. Würde es nicht passen, würde ja nicht vorgelesen.

Oder daß man bei den Tempo-Trainingsrunden im Stadion schon einmal das Ergebnis total verpfuscht hat, weil man den Ärmsten eine Runde zuviel laufen ließ. Bei 25 rückwärts gezählten Runden kann das leicht passieren. Seit diesem Mißgeschick habe ich nicht nur Respekt vor den Sportlern, sondern auch vor ihren Trainern.

Mit einer Tatsache sollte man sich als Frau jedoch beizeiten abfinden. Es ist eine Abwandlung des bis zur Vertonung bekannten männlichen Stoßseufzers und heißt in diesem Falle:

Der Langlauf ist in irgend einer Form nun immer dabei ...

Ein Einkauf im Lauf-Shop

Schaufenster und ihre Auslagen üben bekanntlich eine magische Anziehungskraft auf viele Menschen aus, besonders auf Frauen. Aber wie immer und überall, so kommt es auch hier darauf an, was dahintersteckt bzw. diesmal, wer davorsteht. Die Anziehungskraft solch eines Geschäftes auf einen Läufer ist jedenfalls bemerkenswert. Dort ist man unter sich und genießt es ausgiebig. Man braucht nur eine Andeutung zu machen und gehört schon dazu. Oder man nennt seine letzte Bestzeit — und ist schon in der Beachtung der anderen Kunden gewachsen. Muß man aber auf Publikum verzichten, hat man den Inhaber, der meistens selbst ein großer Meister ist, ganz für sich allein und ist nun absolut Persona grata.

In unserem Fall liegt ein solcher Laden sozusagen am Weg zum Vereinsstadion, wenn man sich ein bißchen verfährt. Und wir haben uns oft verfahren! Läufer haben Phantasie, speziell, wenn's ums Laufen geht.

Als erstes wurden alle arteigenen Neuigkeiten ausgetauscht, dann ging's zum Warenlager. Strümpfe werden hier zu Füßlingen, Einsparung schätzungsweise zwanzig Gramm, also Gewicht eines Briefes. Shorts sind so short, daß man sie auf österreichisch »Pfiffhöschen« nennen möchte; das Material ist so dünn wie Pausenbrotpapier.

Dann zu den Schuhregalen. Wer einmal in Italien bewundert hat, was an handwerklicher Meisterarbeit in winzig kleinen Schaukästen gezeigt wird, kennt mehr, als man in großen Schuhgeschäften angeboten bekommt.

Alles Pfuscharbeit gegen das, was hier gezeigt wird und trotz scheußlicher Farben mit Superlativen in den höchsten Tönen bedacht wird. Würde man nur zuhören, vermutete man wahre Kunstwerke. Federung hier, Luftpolster dort — ich rutschte allmählich auf meinem Wartestühlchen hin und her. Die Wahl schien wirklich schwer, obwohl alle gleich aussahen. Endlich fiel nicht nur die Entscheidung, sondern auch wieder ein Blick auf mich. Von diesem ermutigt und, um nicht ganz als Außenseiter abgestempelt zu werden, wollte ich nun auch etwas Laufspezifisches zum besten geben und erzählte vom selbstgebackenen Früchtebrot nach dem Rezept von Rosemarie Breuer, einer bekannten Expertin für ernährungstechnische Fragen.

Der Erfolg war umwerfend: Ich wurde gefragt, ob ich noch die erste Frau des Läufers wäre! Nachdem ich geantwortet hatte, daß ich das nach vierundzwanzig glücklichen Jahren auch weiter bleiben wolle, sind wir dann bald gegangen.

Zu Hause wurde ein Einzelexemplar der neuen Wunderwerke dorthin gestellt, wo vorher noch nie ein Schuh gestanden hatte: auf die Küchenwaage. Wo sonst nur Lebensmittel Zutritt haben, speziell die Haferflocken für den Kraftkuchen, ließ dieses Prachtstück ein sagenhaftes Minigewicht ablesen, was dem stolzen Besitzer eine Art Jubelruf entlockte.

Bei jedem anderen Schuh an diesem ungewöhnlichen Platz wäre ein Entsetzensschrei fällig gewesen. Bei dem elegantesten Pumps z. B. hätte die Küchenwaage wahrscheinlich desinfiziert werden müssen, aber hier wurde nur liebevoll gepustet ...

Zauberwort Marathon

Goethe war, wie es heißt, nicht gern Minister. Er betätigte sich lieber geistig.

Auch zum Laufen, oder besser gesagt, zum Erreichen guter Zeiten, gehört ein gewisses Quantum Intelligenz in Form von Taktik und Konzentration. Während ersteres manchmal schon von Kindern beherrscht wird, muß Konzentration meistens erst als Fähigkeit erworben werden. Daß mein Mann sozusagen die höchste Stufe dieser Disziplin erreicht hat, stellte er neulich unter Beweis. Versunken in die Lektüre von Manfred Steffny's »Lebens-Lauf« saß er inmitten von dichten Rauchschwaden, die aus der Küche quollen, und hatte den Braten keineswegs gerochen. Der tiefen Schwärze des verbrannten Toastes nach zu urteilen, muß er seine Nase buchstäblich sehr tief ins Buch gesteckt haben.

Wenn man dieserart alle erreichbaren Druckerzeugnisse zu diesem Thema gelesen hat und sich die kleinen Erfolge laufend verbessern, oder sich die Sportsrivalen der gleichen Altersgruppe via Zeigefinger laut zuflüstern: »Da, das ist der ...« — dann taucht natürlich irgendwann der Wunsch nach 42,195 km auf. Nun wird es unter Umständen pathologisch. Ich jedenfalls bekam den Schreck meines Lebens, als ich nach drei äußerst flotten Durchgängen (Rundkurs von 10 km Länge) eine mir vertraute rote Hose auf zwei Knickebeinen heranwanken sah. Alles, was der letzte Streckenabschnitt von meinem Mann übriggelassen hatte, hatte nur noch ein Ziel: das Ziel. Halb zog er sie, die Beine, fast sank er hin. Nur der Ehrgeiz hatte wohl mehr unbewußt die letzten drei Kilometer nach dem berüchtigten »Hammer« noch überwinden helfen, aber ich will hier nicht weiter ins Detail gehen, denn es sollten ja heitere Skizzen werden.

Der erste Marathonlauf ist in jedem Fall ein großes Ereignis. Man kann es auch als Begleiter rein sportlich erleben, ganz auf die Bedürfnisse des Läufers abgestimmt: ältere Garderobe, Hauptsache warm und witterungsbeständig; zwei Uhren am Arm, Notizblock und eine klebrige Flasche mit Elektrolytedrink in der Hand. Man kann aber auch schick frieren.

Die Schlachtenbummler

Beim zweiten und weiteren Marathonläufen ist man natürlich um unbezahlbare Erfahrungen reicher, die man aber nicht bei Freunden voraussetzen darf, die man bei der Anreise zum Übernachten heimsucht. So empfing uns das Haus unserer Freunde mit Kaffeeduft, zu dem sich eine herrliche Torte gesellte. Aber der große Meister blieb — alle Eventualitäten einkalkulierend — konsequent bei der mitgebrachten Milch plus Früchtebrot.

Am Abend gab es einen köstlichen Salat, eine wahre Joulebombe, jedoch zum Glück für den Asketen auch Schwarzbrot und Butter. Und vor allem gab es, da man sich jahrelang nicht gesehen hatte und die Gastgeberin Sportärztin war, unendlich viel zu erzählen. Aber der Läufer blieb eisern. Alles, was sein Steckenpferd betraf, wurde bis 21.30 Uhr abgehandelt und er begab sich in die Horizontale. Für all den Schnickschnack bei Wein hatte er ja schließlich seine Frau mitgenommen.

Am Morgen letztes Staunen am Frühstückstisch: nur drei Eßlöffel voll Müsli mit Milch und ein weichgekochtes Ei, während die übrige Runde schlemmt. Man will sich schließlich nicht umsonst auf das Wettkampfgewicht getrimmt haben (Normalgewicht — 10% = Idealgewicht — 10% = Marathongewicht) und möglichst in der Spitzengruppe laufen; auf jeden Fall aber bei den Schlanken zu finden sein, auch »Marathongerippe« genannt. Eine Verbesserung zur Vorjahresleistung um zwölf Minuten ohne jeden Kräfteeinbruch rechtfertigte im Nachhinein alles.

Beim Verabschieden wird über einen Gegenbesuchstermin gesprochen, der natürlich — das hat man diesmal gelernt — keinen Lauf oder dessen Vorbereitungszeit beeinträchtigen soll.

»Anfang Oktober ist der letzte Lauf«, sagte der Läufer. Diese Auskunft war beinahe eine Lüge, bestimmt aber war sie unvollständig, denn es fehlte der Zusatz »... in diesem Jahr.« Sobald es nämlich einen neuen Kalender gibt, tauchen auch sofort feste Laufveranstaltungstermine für die nächsten zwölf Monate auf. Das war bisher jedes Jahr so, und wenn die Prognose des Sportmediziners von Rang und Namen in Erfüllung gehen sollte, kann das noch vierzig Jahre so weitergehen. Sollte das Schule machen, werden sich die Rentenversicherungen ernsthaft Gedanken machen müssen. Hony soit qui mal y pense ...

Minuten nach einem Marathon

Der Marathonist

ißt

nicht von dem Gut

das nicht gut ist

wenn man

Marathonist

ist

28

Das Mekka des Läufers

Der Fragebogen

Was wird man im Leben nicht alles gefragt!

Nur die vielleicht elementarste Frage, nämlich die, ob man überhaupt geboren werden möchte, stellt einem niemand, und auch der Abgang wird meistens höheren Ortes vollautomatisch reguliert.

Aber zwischen beiden Fixpunkten liegt doch so einiges, was amtlicherseits erfaßt werden sollte. Und wenn diese Fragebögen von einer Prüfungskommission erarbeitet wurden, kommt sogar manchmal eine Bescheinigung dabei heraus, die sich »Diplom« nennt und die man sich dann hinter den Spiegel stecken kann.

Eine hübsche Einrichtung auf dem Gebiet der Bürokratie ist beispielsweise auch die Lebendbescheinigung: der Staat möchte wissen, ob man noch da ist. Ob man nun mit ja oder nein antwortet, bleibt jedem überlassen, aber unterschreiben muß er auf jeden Fall eigenhändig. Das ist ungefähr so, als ob man — wem sollte das noch nicht passiert sein — gefragt wird, ob man schon da oder zurück sei. Mario Simmel läßt da klugerweise eine Romanfigur antworten: »Nein, aber ich muß gleich kommen.«

Nun entspringt nicht alles, was gefragt wird, purer Neugierde. Manches fließt auch einfach in die Kanäle der Statistik, der wir z. B. die Erkenntnis verdanken, daß die Ehe die Hauptursache aller Scheidungen ist. Und woher wüßten wir schließlich ohne Statistiker, was wir im Jahre 2000 kaufen müssen, um glücklich zu sein.

Den wichtigsten Zweig der Frager habe ich mir bis zum Schluß aufgehoben: die Wissenschaftler. Diese Berufsdenker müssen naturgemäß besonders viel fragen und können sicher auch sehr kompetent Klage führen über unqualifizierte Antworten. Ich hörte einmal einen Arzt verzweifeln, der die Frage nach häufigem Durst von seinem Patienten mit »nein« beantwortet bekommen hatte, dann aber gesagt bekam, daß dessen Mund permanent trocken sei. Dieser Patient wird doch kein Läufer gewesen sein, der seinen Durst verdrängte, weil er sich vor dem Wettkampf in sein niedriges Gewicht verliebt hatte?

Jedenfalls muß jeder Sportler, der es zu etwas gebracht hat, auch mit Fragebögen von Studenten rechnen, die seine Leistung mit Hilfe ihres Denkvermögens am Schreibtisch nachvollziehen bzw. analysieren wollen.

Aber was nützen dem armen Teufel die Krümchen der sportlichen Aussage!

Was nützen z.B. die Antworten über Ernährung, wenn nicht daraus hervorgeht, ob sie freudig eingespeichelt oder frustriert heruntergeschlungen wurde. Meines Erachtens müßte hier auch gefragt werden, ob der Tisch hübsch gedeckt war und wer die Mitesser waren. Selbst der frischeste Weizenkeim kommt doch unweigerlich ans Laufen, wenn's da drinnen nicht gemütlich zugeht.

Oder die Frage nach der Schlafdauer, wenn der Sportler nicht nach Ostfriesenart mit dem Zollstock ins Bett geht, um die Tiefe seines Schlafes zu messen. Und kein Mensch kalkuliert ein, wer wie lange und wie laut daneben geschnarcht hat oder einen Husten in Rüttelbewegungen des gemeinsamen Bettgestelles umwandelte.

Oder die Frage nach Medikamenten, wenn ein Mann alles nur mit »die Pille« bezeichnet.

Nirgends steht etwas darüber, ob das Haushaltsportemonnaie gestimmt hat oder wann die Tochter von wem nach Hause gebracht wurde. Alles Dinge, die sich bei mir im Lauf- bzw. Eiltempo bemerkbar machen würden.

Was gibt die Antwort her nach »ledig — verheiratet — getrennt lebend« in bezug auf die Stimmung des Läufers? Manch einer läuft flott und fröhlich, damit er nicht getrennt wird; der andere läuft flott, *damit* er getrennt und wieder fröhlich wird. Kenner sehen sich einfach den Pflegezustand der Laufsocken an und wissen, wie es privat um diesen Mann bestellt ist.

Was nicht ausschließt, daß ein freundliches Dunkelweiß die Füße eines absolut glücklichen Menschen bekleidet, der zu seiner Frau sagt: »An diesem Wochenende gehöre ich ganz Dir! In die Laufklamotten zwängst Du sowieso kein Weiß mehr. Wer nicht genießt, wird ungenießbar!«

Der Fragenkomplex über »Was sagt Ihre Familie zu Ihren sportlichen Aktivitäten?« geht da schon etwas mehr zur Sache. Aber damit einer nicht etwa schreibt, was sie tatsächlich sagt, reicht der Platz nur für drei Worte.

Mit den wirklich wichtigen Dingen im Leben hat es so seine Bewandtnis: sie kosten zwar nichts, aber man kann auch nicht danach fragen.

Nach Teneriffa zum Höhentraining

Wie hoch oder besser gesagt: wie niedrig mag der Prozentsatz der Touristen sein, die aus diesem Grunde die Insel des ewigen Frühlings aufsuchen! Aber der ewige Frühling paßt halt gut zu der ewigen Lauferei, beim Suchen half ein Sportreise-Unternehmen, und der Pilot fand den Archipel dann auch sofort.

Wenn ich mir vorstelle, wie sehr sich die Sportler nach dem vierstündigen Sitzen im Flugzeug nach einem Lauf sehnten, höre ich direkt das ungeduldige Getrappel eingepferchter junger Pferde. Aber zunächst mußte per Bus die Herberge erreicht werden, das Domizil für die nächsten zwei Wochen, und dafür braucht solch ein Inselgefährt noch einmal einige Zeit.

Zum Schnellfahren ist die Aussicht ja auch zu schön, besonders im Orotavatal, wo Alexander von Humboldt angeblich auf die Knie gesunken ist, weil ihn die landschaftliche Schönheit derartig ergriffen hatte. Böse Zungen und geschmacklose Reiseleiter erzählen an dieser Stelle, daß er vom Pferd gerutscht sei, weil er dem spanischen Wein etwas reichlich zugesprochen hatte. Jedenfalls gibt es jetzt hier ein stabiles Gitter.

Für unsere Akteure war es gut, sich rechtzeitig ans Busfahren zu gewöhnen, denn dieserart mußte nun täglich der Weg zur Trainingsstrecke auf halber Höhe der Cañadas zurückgelegt werden. Die Cañadas sind das Hochplateau des höchsten Berges von Spanien, des Pico de Teide, der mit seinen 3718 m auf dieser Insel steht bzw. liegt.

Hier in ca. 2000 m Höhe sollte trainiert und die Kondition verbessert werden. Jede Höhenlage bewirkt eine Vermehrung der roten Blutkörperchen, und diese wiederum sorgen als Träger des Sauerstoffes für ein erweitertes Angebot dieses »Treib-Gases« für einen bereits vortrainierten Körper.

Die Cañadas sind nicht weniger reizvoll als die Ebene, was viele Produzenten von Westernfilmen erkannt und genutzt haben. Kein Kinobesucher tippt beim Anblick dieser bizarren Felslandschaft mit ihren unbeschreiblichen Kakteen auf Europa.

Der Läufer und der Berg

Solch ein Aufenthalt ist wohl der Traum eines jeden Sportlers, und diese Gruppe von ca. fünfzig Mann konnte ihn hier verwirklichen.

Vier von ihnen setzten zum Abschluß dieses Fitnesstrips dem Ganzen noch ein besonderes Krönchen auf. Sie bestellten ein Taxi, das sie zu der für Spanier ungewöhnlichen Zeit von drei Uhr in die Cañadas hinauffahren sollte. Der Fahrer vergewisserte sich in drei Sprachen, ob wirklich 3.00 Uhr morgens gemeint war.

So ging es auf vier Rädern im Stockfinstern hinauf, solange es ging, dann mußte gegangen werden. Nach zünftiger Klettertour krochen schließlich vier Gestalten gemeinsam mit den Nebelschwaden die letzten Meter bis zum Gipfelkreuz hinauf. Ihre bereits an dünnere Luft gewöhnten Lungen und Muskeln mögen diese Anstrengung relativ gut verkraftet haben. Oben angekommen, erwartete sie zur Belohnung ein grandioses Naturschauspiel. Reziprok zu der schwindenden Dunkelheit erschien zunächst zartrosa, dann tief orangefarben das Licht am Horizont, dann rotglühend der Sonnenball. Wer noch staunen (und lieben) kann, gehört zu den Gesegneten dieser Erde, sagt Manfred Hausmann.

Aber an dieser exponierten Stelle unseres blauen Planeten gab es gleichzeitig eine weitere Besonderheit zu sehen, wenn auch nur für kurze Zeit. Mit der aufgehenden Sonne im Rücken sah man den dreieckigen Schatten des Vulkanes, der sich meilenweit übers Meer und die anderen Kanarischen Inseln erstreckte. Die Spitze des Bergkegels war sogar über den Horizont hinaus zu sehen. Dieses Phänomen wurde natürlich fotografiert, und auf dieses Bild kam zwangsläufig mit dem Schatten des Berges auch der Schatten des Fotografen.

Könnte man immer nur das glauben, was man auch sehen kann, bestünde zwischen Berg und Kameramann kein Größenunterschied. Aber gottlob kann man in solch einem Moment auch mit einem ehrfürchtigen Herzen schauen, was dann alles wieder ins rechte Maß rückt ...

Höhepunkt

Der Läufer als Silberbräutigam

Mit dem gemeinsamen Lebensweg ist es wie mit einem guten Cognac: er wird mit jedem weiteren Jahr kostbarer.

Und wenn auf diesem Wege eine markante Jahreszahl erreicht ist, sollte man ruhig einmal richtig feiern. Der Läufer dachte wohl an die tagelange Völlerei, die solchen Festen meistens anhaftet, und schlug eine Reise vor. Aber nach einigem Drängen und zartem Erinnern an das Motto »Laufen und laufen lassen« gab es dann doch ein Familienfest. Müßig zu schildern, wie schön es dann für alle Beteiligten war, sich nach fünfundzwanzig Jahren wiederzusehen bzw. kennenzulernen. Da wir zweiunddreißig Personen eingeladen hatten, mit denen wir verwandt *und* befreundet sind, konnte eigentlich nichts schiefgehen.

Aber so ganz glatt geht es ja doch nicht ab. Als ich, vom Friseur kommend, unseren Gästen kleine Willkommensgrüße in ihre Hotelzimmer stellen wollte, wälzten sich noch die Vorschläfer in den Betten. Und zu Hause, wo es auch noch einiges zu erledigen gab, saß ausgesprochen friedlich der Silberbräutigam an einem Frühstückstisch, den er sich auf der Terrasse gedeckt hatte, und zwar der Bedeutung des Tages entsprechend ganz in Weiß mit viel Silber! Völlig unbelastet aß er hier seine Körner plus Beigaben, diese Mahlzeit nach der Anstrengung des Morgenlaufes sichtlich genießend. Und das an *meinem* Marathontag.

In meinem Kopf formulierte sich das Wort *Rollschuhe*! Ich stürzte zum Bahnhof und zum Flughafen, um Gäste abzuholen, die ich selbst empfangen wollte. Als ich diese frisch Angereisten zu einer vorbereiteten Nudelsuppe bat — das große Festessen war erst für den frühen Abend in einem Gutshaus angesetzt — stapelten sich zu Hause bereits Blumen, Geschenke und Gäste. Letztere wollten eigentlich nur vor der Fahrt ins Hotel »kurz hereinschauen«.

Wegen der Nudelsuppe brauchte ich mir keine Gedanken zu machen, denn die war für eine ausgewachsene Bauernhochzeit berechnet, aber wo war der Hausherr?! Unsere siebzehnjährige Tochter machte, wie zum Glück nur ich erkennen konnte, wutschnaubend die Honneurs und zischte mir zu: »Der Vater pennt oben!«

Aber wenn man die richtigen Menschen eingeladen hat, ist man im äußersten Notfall sogar als Gastgeber überflüssig. Die Sache »läuft« — und so war es auch hier. Während ich noch nach einer Kaffeetasse suchte, die nicht für das Mitternachtsbüfett reserviert war, tranken bereits mein Bruder und eine Verwandte der anderen Seite, die sich gerade erst vorgestellt worden waren, strahlend aus der gleichen Tasse.

Der Läufer trat dann nicht nur rechtzeitig wieder in Erscheinung, sondern demonstrierte im Laufe dieser Nacht auch sehr eindrucksvoll seine durch Training erworbene Ausdauer. Als ich nur noch im Sitzen plaudern konnte — Sie werden sich vorstellen können, daß mein Mundwerk selbst nach Verbrauch der letzten Energie noch eine Weile weiterklappert — bewegte er sich noch elastisch auf seinen Beinen, schenkte unermüdlich Wein nach und ließ kaum einen Tanz aus.

Silber für den Ehemann

Apropos Wein. Als sich unsere letzten Gäste zur Ruhe begeben hatten, stellten wir fest, daß wir selbst kaum etwas von unserem Silberwein mit persönlichen Daten auf dem Etikett getrunken hatten. Alkohol und Wettlauf passen halt nicht zueinander.

Wir müssen wohl Angst gehabt haben, der Wein könnte am nächsten Tag anders schmecken, denn wir öffneten morgens um vier Uhr noch eine Flasche nur für uns beide und unseren ganz persönlichen fünfundzwanzigsten Hochzeitstag.

Als wir uns schließlich auf den noch freien Sofas ausstreckten, blieben uns noch ganze drei Stunden bis zum anberaumten Frühstück mit unseren Hausgästen, da am späten Vormittag ja alle Hotelübernachter schon wieder erwartet wurden.

Nach vier Tagen des Feierns fuhr der letzte Besucher ab, aber inzwischen hatte der Läufer natürlich längst wieder mit einem geregelten Training begonnen. Dabei mag ihm vielleicht die Festrede seiner »Betreuerin« noch einmal durch den Kopf gegangen sein, betitelt:

Gedanken über die Gezeiten der Liebe

Auch in einer glücklichen Ehe kann bei aller Liebe eben diese nicht ständig auf schwindelnden Höhen wandeln. Sie ist vielmehr einer Auf- und Abbewegung unterworfen und das Kunststück besteht darin, herauszufinden, welchen Rhythmus der andere hat und wie man dessen Talfahrt jedesmal rechtzeitig abfangen kann. Wenn die Phantasie, die dazu notwendig ist, einer Liebe entspringt, die immer wieder nachwächst, so wird man im Laufe der Zeit nicht nur zusätzliche Kräfte und Flügel bekommen, sondern auch eine feine Antenne. So kann man es förmlich im kleinen Zeh spüren, wann man besser von Wertpapierkursen spricht als von dem Kuß, nach dem einem vielleicht gerade zumute ist — oder umgekehrt. Wenn man Glück hat, erkennt man die Augenblicke, in denen man es wagen kann, heiße Themen aufs Tapet zu bringen, z. B. Silberhochzeitsfeier, eine neue Sitzgruppe oder die dritte Handtasche in einer bereits vorhandenen Farbe. Für einen Mann ist es wohl schlicht unverständlich, daß eine große schwarze Handtasche etwas ganz anderes ist als eine kleine schwarze Handtasche; und daß selbst eine kleine schwarze Handtasche mit einem goldenen Verschluß Welten entfernt sein kann von einer kleinen schwarzen Handtasche mit einem silbernen Verschluß.

Manchmal würde man das Taschengeld gern opfern für fundierte Kenntnisse über steuerliche Abschreibungspraktiken, die neueste Bluse für ein noch heiles Glas aus Junggesellenzeiten und das schönste Taschentuch für einen zärtlichen Blick. Es gibt Tage, an denen wäre man lieber auch fähig, Marathon zu laufen, oder wenigstens vorübergehend ein kräftiger Mann, der 30 kg per Seilwinde gut aufs Dach bekommt. Ich lag mit meinen einundfünfzig Kilo Lebendgewicht bereits auf dem Boden, während die Tonne mit dem Teeranstrich erst in zwei Meter Höhe schwebte. Wenn ich aufstand, war das Ding — sssitt — wieder unten.

Aber das ging alles immer sehr schnell vorüber und ich durfte am Ende eines jeden Tages dieser fünfundzwanzig Jahre dafür danken, daß ich das war, was ich war — und bin — und bleiben möchte: eine *Frau* — *Deine* Frau.

Silber für den Sportler

Kitzbüheler Hornlauf, rein privat

Wer der Reklame von zwei namhaften Laufmagazinen folgt und das Hotel EHRENBACHHÖHE oberhalb von Kitzbühel für seinen Urlaub wählt, wird nicht nur begeistert sein von der Bergidylle, in die er geraten ist, sondern auch ständig etwas vor Augen haben, was für einen informierten Läufer mehr ist als ein Berg: das Kitzbüheler Horn.

Ganz schnell einige Sätze zur Geographie. Wo Kitzbühel liegt, weiß jeder. Das »Horn« ist hier sozusagen der Hausberg, nordöstlich gelegen und 1996 m hoch. Ihm gegenüber auf der anderen Talseite liegt der bekannte Hahnenkamm mit dem Hotel Ehrenbachhöhe auf 1800 m Höhe. Zur restlichen Klärung sei gesagt: bei uns hat mein Mann die Laufhosen an; mich bedenkt man gelegentlich mit den etwas unzutreffenden Worten: »Ach, und Sie sind ganz normal.« Wer kann das schon mit Sicherheit für sich in Anspruch nehmen.

Beide Berge sind mit Kabinenbahnen zu befahren. Als Gast der Ehrenbachhöhe wird man nach telefonischer Absprache von der Bergstation abgeholt. Das Fahrzeug ist höchst komfortabel; vielleicht nicht gerade auf den ersten Blick, aber ganz bestimmt bei der Vorstellung, man müßte diese Wegstrecke von schätzungsweise einem halben Kilometer mit den Koffern in der Hand bewältigen, von der gewaltigen Tasche voller Laufschuhe ganz zu schweigen.

Wer als Läufer so tut, als ob er hier nur Urlaub machen wolle, läßt seine Frau mit im Fahrerhaus sitzen und wählt selbst »Loge« mit 360 Grad ungeteiltem Panoramablick. Hier hat er eventuell auch Gelegenheit, das Gepäck vor dem Herunterfallen zu bewahren, falls er dafür eine Hand erübrigen kann. Jeder Gewitterguß verändert die Fahrspur.

Egoisten setzen sich mit sicherem Instinkt selbst neben Willi und wissen bereits beim Aussteigen vor dem Hotel, daß dieser natürlich auch läuft, ebenso der Hausherr, und der Chef der Seilbahn, und ... und ... und ...

Das Haus bietet eine gute Mischung aus modernem Komfort und ortsüblicher Behaglichkeit. Im Sommer ist hier, im Vergleich zum turbulenten Winter, Nebensaison, und man kann noch erleben, wie sich die Besitzer bis in die Nacht hinein um ihre Gäste bemühen. Eine alteingesessene, übrigens mehrfach promovierte Familie, deren Tochter als Ärztin nach sportlichem Rat befragt werden kann.

Lattoflexbetten und Gesundheitskeller mit solarbeheiztem Schwimmbad sollen nicht unerwähnt bleiben.

Im runden Speiseraum wird der grandiose Ausblick durch die Fenster in einzelne gerahmte Bilder »portioniert«, vom Wilden Kaiser bis hin zum Steinernen Meer.

Es gibt Vollwertkost und man kann sich trotzdem nach allen Regeln österreichischer Gastlichkeit verwöhnen lassen. Schon nach wenigen Tagen fühlt man sich heimisch und wohl, die Pulsfrequenz nähert sich wieder Normalwerten, und die Wanderziele werden mit Elan weiter gesteckt.

Wenn man als Läufer noch nicht erkannt worden sein sollte, läßt sich das mit Läufen in Hausnähe schnell erledigen. Hier ist die Sicht ja unverbaut, und da es sonst nur Kühe und Wanderer gibt, ist schon allein das Tempo auffallend. Auf die knalligbunten Bekleidungsstücke kann daher in dieser Grün-in-grün-Landschaft verzichtet werden. Kühe, die hier allenthalben in der herrlichsten Alpenflora herumfressen, reagieren nämlich auf Schreck mit Rückgang der Milchproduktion, und wer einmal, z. B. auf der Juffenalm, dieses unverfälschte Naturerzeugnis trank, der weiß, wie schade das wäre.

Aber auch für Nicht-Milchtrinker ist hier bestens gesorgt. Und irgendwann beim Bier, eventuell am Kachelofen, der sogar an kühlen Sommertagen wohlige Wärme verströmt, hört man dann die Mär von Emil Schumacher, dem Wunderläufer aus den schweizer Bergen, der nach dem letzten Hornlauf beide Seilbahnen verpaßt hatte (Sonderfahrt das Horn herunter und den Hahnenkamm hinauf) und dennoch rechtzeitig zur Siegesfeier im Hotel Ehrenbachhöhe eintraf. Um diese Leistung aus eigener Erfahrung nachempfinden zu können, werden den engagierten Läufer wohl beide Strecken als Trainingslauf reizen.

Für den Hahnenkamm gibt es mehrere Möglichkeiten, die sich im Steigungswinkel erheblich unterscheiden. Kluge Menschen fragen in einer Landschaft, die im Vergleich zu ihren heimatlichen

Gefilden so gänzlich anders geartet ist, Einheimische. Wir befragten nur unsere Wanderkarte und machten erst einmal im Tal einen Besuch bei Franz Puckl, dem Veranstalter des alljährlichen Kitzbüheler Hornlaufs, bevor es aufi ging, und zwar auf dem direktesten Weg.

Daß wir nicht gerade den leichtesten Anstieg gewählt hatten, zeigte sich schon bald. Aber erst als wir Kehren passierten, die man mit gespannten Netzen abgesichert hatte, ging uns ein Licht auf. Wir befanden uns auf der berühmten Streif, die Franz Klammer im Winter mit 133 km/h Höchstgeschwindigkeit hinuntergeflogen ist. In umgekehrter Richtung, also von unten nach oben, lernt man hier als Untrainierter nicht nur sehr eindrucksvoll die Grenzen seiner eigenen Leistungsfähigkeit kennen, sondern auch die angeblich »immer noch unerreichte Wirkung von FITOGEN« schätzen. Um an diese Salztabletten zu gelangen, die nicht nur die ausgeschwemmten Mineralien ergänzen, sondern sich auch hilfreich der übersäuerten Muskulatur annehmen, mußte man allerdings erst einmal oben angekommen sein. Und das war, bei gut tausend Meter Höhendifferenz, eine ganz schöne Leistung, wenn man nicht über die Kondition eines Läufers verfügt. Wenn man dann tatsächlich wieder zivilisatorische Einrichtungen erreicht hat, kann man die Roßkur gegen Muskelkater auch durch ein heißes Wannenbad vervollständigen. Und da das Ganze halt doch unter Urlaub firmiert, darf man vielleicht sogar mit einer mildtätigen massierenden Hand rechnen.

Wie man's mit dem Horn hält — offiziell sind es 12,5 km, acht davon ansteigende Straße bis zum Alpenhaus (1 670 m), danach 3,5 km befestigter Weg mit 16% Steigung — das ist dann, wie gesagt, reine Privatsache.

Die Talente des Läufers

Ich glaube, daß jeder Mensch mehrere Talente hat. Das größte Talent besteht also darin, diese oder wenigstens eins davon zu entdecken. Dazu gehört neben viel Glück auch das richtige Werkzeug. Was wäre z. B. aus Boris Becker geworden, hätte man ihm statt eines Tennisschlägers eine Geige in die Hand gedrückt!? Er hatte eben Glück mit seinen Eltern, die ihm vorsorglich schon bei seinem Stapellauf ein berühmtes Monogramm verpaßten.

Oft gehört neben Glück auch eine gewisse Reife und Lebensphilosophie zur Talentfindung. Sie wissen, Philosophie als Schulfach in einer deformierten Oberstufe — dies ist kein Druckfehler! — ist jene Stunde, in der sich sogar die Jungs, von wenigen Ausnahmen abgesehen, ihr Strickzeug vornehmen. Da sage noch jemand, unsere Jugend wäre nicht ehrlich oder nicht fleißig!

Der Läufer hat jedenfalls mindestens eins seiner Talente entdeckt und ausgebaut. Aber wovon hier die Rede sein soll, das sind die anderen, überdurchschnittlichen Fähigkeiten, die er besitzt. Lassen Sie mich bei dieser Aufzählung bitte beim Schema der Schulfächer bleiben.

Also rechnen kann er einfach wunderbar, wenn auch gelegentlich nach eigenen Regeln. Mit Zahlen zwischen 2 Stunden 07 und 3 Stunden 30 ist er sozusagen unübertrefflich in seiner Genauigkeit.

Satzzeichen sind seine Spezialität, denn bei seiner Schreibweise von Zeiten trennt der Doppelpunkt Stunden : Minuten : Sekunden, während es nach dem Komma dezimal wird. Kein Wunder, daß er mit dieser Interpunktion geradezu pingelig ist.

Ähnlich ist es mit den Begriffen Bestzeit und Weltrekord. Denken Sie ja nicht, daß eine Bestzeit, also die beste Zeit, die in der entsprechenden Disziplin jemals erreicht worden ist, dann auch ein Weltrekord sei. Dieser Titel wird nur bei Leistungen vergeben, die zu überall gleichen Voraussetzungen erbracht wurden, z. B. in Stadien. Ein offenes Gelände kann ja sehr unterschiedlich sein.

Dabei fällt mir ein, daß für den Langstreckler auch 10 000 Meter nicht gleichbedeutend sind mit 10 km, denn mit diesen Maßeinheiten wird zwischen Stadion und freier Strecke unterschieden.

In den Naturwissenschaften ist der Läufer selbstverständlich auch total im Bilde. Er kennt nicht nur jeden Baum und Strauch an seiner Trainigsstrecke, sondern auch im Detail alles, was an eben dieser seinen Körper verläßt, und zwar durch die Rippen. Selbiges schüttet er ja dann von oben wieder nach. Überhaupt ist für ihn die Beschäftigung mit seinem eigenen Körper das Schönste auf der Welt, aber diese Vorliebe teilt er mit vielen Menschen.

In Zoologie ist allerdings sein Empfinden etwas gespalten und er teilt Hunde nur danach ein, ob sie ihm aus dem Wege gehen oder ob besser er ihnen aus dem Wege geht, um nicht zu straucheln. Da sind ihm sogar Damen auf Stöckelschuhen noch lieber, weil diese wissen, wie schmerzhaft ein Fehltritt sein kann.

In der Politik ist ihm jede Partei recht, die die Preise für Laufschuhe und anderes Zubehör sowie das Benzin für Fahrten zu Wettkämpfen stabil hält, die das Bier erschwinglich macht und ihn ansonsten in Ruhe läßt.

In Astronomie ist er ein As. Allerdings hat er nicht nur seinen eigenen Himmel, sondern auch eigene Sterne bzw. Stars, deren Auf- und Niedergang er mit Argusaugen verfolgt, speziell, wenn sie im gleichen Jahr oder in der gleichen Altersklasse geboren wurden wie er.

Ansonsten nimmt er es mit der Zeiteinteilung nicht so genau. Er läuft, wann er Lust hat, und scheut gelegentlich sogar unser schönstes Himmelsgestirn, die Sonne. Einige berühmte Läufe finden nämlich in der Nacht statt!

Auch in seine persönliche Jahreszeitenauffassung läßt er sich nicht hineinreden. Wenn andere längst ihre Wollsachen hervorgeholt haben, saust er noch in Minibekleidung durchs Gelände. In der Weihnachtszeit möchte man bei seinem Anblick manchmal »Helau« rufen und den Farben seines Anzuges nach könnte man oft ganzjährig an fröhliche Ostereier denken.

Ähnlich ist es mit den Gezeiten des Lebens. Im Idealfall lernt er seine Partnerin auf den Stufen des Siegertreppchens kennen, und wenn andere sich bereithalten, um die Midlifecrisis zu empfangen, ist er zum Training unterwegs.

In puncto Kreativität möchte ich seinen Erfindungsgeist hervorheben, wenn es um Ausreden geht. Gibt es ungefähr nichts, was ihn bei vorhandenem Willen vom Laufen abhalten kann, so geht als Ausrede für ein schlechtes Abschneiden bei Wettkämpfen einfach alles. Zwar wurde schon immer auf diesem Gebiet Erstaunliches geleistet, aber was der Läufer hier fertigbringt, darf man getrost als Kunst bezeichnen.

Meines Erachtens bleibt nur noch ein Schulfach übrig und das ist Geographie. Auch diese machte sich der Läufer untertan, denn wie sonst könnte man erklären, daß vor einigen Jahren der Satz: »Frankfurt ist größer als Berlin« noch seine Richtigkeit hatte, natürlich nach der Teilnehmerzahl beim Stadtmarathon beurteilt. Aber inzwischen hat sich das wohl geändert, wie es sich für eine Hauptstadt gehört. Der echte Berliner hat eben nicht nur viel Humor, sondern auch eine tatkräftige Phantasie. Und da vom Berliner Bären höchstens das dicke Fell für die Nerven des Läufers zu gebrauchen war, erfand er schnell noch als zweites Wappentier den Storch: kleiner Kopf, großer Schnabel, und ständig das Bedürfnis, irgendwohin zu fliegen.

Nun fällt mir kein Schulfach mehr ein, sondern nur zum Abschluß eine erlebte Geschichte. Unsere gerade erst eingeschulte Tochter wurde von ihrer Patentante gefragt, ob sie schon Rechnen als Unterrichtsfach habe. Sie schüttelte den noch relativ leeren Kopf, überlegte kurz und antwortete dann: »Wir haben nur drei Fächer: Schreiben, Lesen und Pause.«

Ich glaube, der Läufer hat, was sein Hobby betrifft, gerade mit dem letztgenannten »Fach« die größten Probleme.

Die Altersklasse

Über das Thema »Alter« zu schreiben, wenn es sich nicht um Denkmäler handelt, ist eine riskante Sache, aber auch hier bildet der Läufer eine krasse und beschreibungswürdige Ausnahme.

Jeder normale Mensch, so er einen Vergrößerungsspiegel besitzt, ist auf dem laufenden über das, was einige Zeit später auch andere, und zwar ohne Hilfsmittel, in seinem Gesicht sehen können. Man sagt wohl nicht umsonst, daß man in einem Kalender sieht, wieviel Zeit vergangen ist, aber daß man in einem Gesicht sehen kann, was mit dieser Zeit gemacht wurde.

Nicht wenige Menschen lieben, was ihr Alter betrifft, den Trick mit Zahlen und Fakten, allgemein Vertuschung genannt. Sie mogeln fröhlich vor sich hin, in der Hoffnung, Nichtwissen mache jünger.

Ein Freund von uns machte es umgekehrt. Nach dem Alter seiner Frau befragt — sie ist natürlich hübsch und temperamentvoll, sonst würde ja niemand fragen — gab er immer zehn Jahre mehr an als tatsächlich hinter seinem Weibe lagen. Wenn man ihn als Eingeweihter darauf ansprach, gab er plausibel zu bedenken, daß dies die sicherste Methode sei, bei den Fragern Bewunderung über das Aussehen seiner Frau hervorzurufen.

Runde Zahlen bzw. Geburtstage haben es ja so an sich, etwas mehr unter die Haut zu gehen, auch wenn man nicht dem Toilettenjahrgang 00 angehört. Und wenn man sich jenseits der ersten Jahrhunderthälfte befindet, ist man dann, besonders als Nichtläufer, vor unschönen Überraschungen gesundheitlicher Art nicht mehr ganz so sicher. Manche sagen sogar: »Morgens wird man's, abends spürt man's.« Nun sind nicht immer die Gebrechen des Alters derartig pünktlich, da sie aber bei keinem Menschen völlig ausbleiben werden, ist diese Gewißheit häufig das erste Mosaiksteinchen für die Angst vor dem nächsten runden Jahrzehnt.

Anders beim Läufer. Er fiebert förmlich jeder weiteren Null oder Fünf entgegen, weil er dann in eine neue Altersklasse kommt. Mußte er beispielsweise ab dem 55. Lebensjahr jedes weitere Jahr gegen bis zu vier Jahre Jüngere anlaufen, so ist er nun als 60jähriger der Jüngste in der Altersklasse M 60, also an günstigster Position. Bekanntlich ist alles relativ, so auch nach amtlicher Lesart die Leistung des Athleten im Verhältnis zu seinem Alter. Und wenn sich schon das eine nicht verbessern läßt, so tut's das andere quasi automatisch.

Auch der Begriff »gute alte Zeit« hat beim Langstreckler eine ganz andere Bedeutung als üblicherweise. Solange sich nämlich seine Leistung noch steigern läßt, ist die alte Zeit in seinen Augen alles andere als gut. Dagegen wird sie dann mit den Jahren und bei Leistungsrückgang zur nicht wiederholbaren Traumzeit. Von diesem Moment an weiß der Sportler, daß er alt wird.

Aber was ist das überhaupt, »alt«? Auf jeden Fall ist das Gegenteil nicht immer jung, sondern z. B. auch neu. Neu wiederum muß nicht immer das sein, was unsere Jugendlichen scharfsinnig als »das Gelbe vom Ei« bezeichnen. Hier bietet sich der Neumond als Beispiel an, der sich in diesem Stadium gerade erst zu vervollkommnen beginnt. Im Zuge dieser Wortklauberei noch schnell ein Seitensprung ins Pflanzliche: Nicht alles, was schön knackig ist, ist auch schon reif. Oder anders ausgedrückt: Nicht alles, was noch wunderbar süß ist, ist schon alt.

Doch nun zurück, nicht nur zu den Läufern, sondern auch zur jungen Generation und ihrer gern und zugegebenermaßen auch häufig zutreffenden Formulierung vom »alt aussehen«. Ich stand einmal bei einem Triathlon erwartungsvoll am Zieleinlauf und versuchte herauszufinden, ob jemand aus der Altersklasse meines Mannes vor ihm die Ziellinie passieren würde. Da graue Haare ein unzuverlässiges Kriterium sind und ich mir leider nicht, wie Pferdehändler, zur Taxierung des Alters und der Güteklasse den Zustand der Gebisse ansehen konnte, konzentrierte ich mich auf die Gesichter. Als ich mir ziemlich sicher war, den Gewinner von M 55 vor mir zu haben, faßte ich mir ein Herz und steuerte auf den Fertigen zu, fest entschlossen, in meinen Glückwunsch die Frage nach seiner AK einzubauen. Da ich rechtzeitig sah, daß dieser Aktive weder Luft noch Spucke zu einer Antwort haben würde, pirschte ich mich statt dessen an seine Frau heran, die ihn strahlend in Empfang genommen hatte. Aber sie zuckte bei der Frage nach der Altersklasse ihres Mannes nur mit den Achseln, wenn auch bedauernd.

Um dennoch meine Neugier zu befriedigen, sagte ich schnell: »Aber das Alter kennen Sie doch sicher?« »Ja, 37!« kam es strahlend. Während ich mühsam zu rechnen begann, um wieviele Jahre dieser Läufer jünger war als der Meinige (Jahrgang '26), fragte ich fast automatisch zurück: »Jahrgang '37?« Meinem Tonfall nach war dies eher eine Feststellung als eine Frage, aber statt der erwarteten kurzen Bestätigung kam Protest: »Nein! 37 Jahre!!«

Da habe möglicherweise ich alt ausgesehen, aber dieses nette Ehepaar hatte zum Glück vor Glück keine Augen mehr für mich.

Dieses Erlebnis hat mich so vorsichtig gemacht, daß ich bei Wettkämpfen nur noch ganz neutral gucke und mich jeder Taxierung und weiteren Ergründung der Personen enthalte. Aber auch dabei ereilte mich etwas, was mir sehr peinlich war: ich erkannte einen Herrn zwischen all den vielen vertrauten Läufergesichtern nicht, den ich hätte erkennen müssen, denn er war mir wenige Wochen vorher bei Freunden vorgestellt worden.

Als wir dann mit Sekt und Speckpiroggen zum Ratinger Silvesterlauf fuhren, bei dem mein Mann den 1. Platz erzielte, reihte ich diesen Gratulanten in die Läuferszene mit ein und war wohl freundlich, aber gänzlich unpersönlich. Gottlob war dieser Mensch nicht nachtragend, und herausgestellt hat sich dieses Mißgeschick erst, als seine Frau, die mir von Kaffeekränzchen her etwas vertrauter war, nach dem Rezept des Gebäckes fragte, das so köstlich aus der Dose geduftet habe, die immer vor der Nase ihres Mannes hin und her gewandert sei, ohne ihn, eine Sitzreihe hinter uns, zu erreichen. Dies hatte ihn mehr geschmerzt als die unterbliebene Ehrerbietung. Sie sehen, in dieser Beziehung zählt nicht nur Linsensuppe! Damit ähnliches im gleichen Personenkreis nicht wieder passieren kann, haben wir inzwischen mit diesen Bekannten einige Stunden gemütlich beisammen gesessen.

Beim Laufen ist eben alles möglich!! Wenn man bedenkt, daß sogar über 80 Jahre alte Läufer noch bei Wettkämpfen antreten, muß man direkt aufpassen, wem man das noch erzählen kann.

In diesem Zusammenhang fällt mir der Wortlaut einer Leserzuschrift ein, für die ich mich hiermit bedanken möchte:

»Wenn ich einmal sterbe«, sagte der Marathonläufer, »möchte ich verbrannt werden und als Asche in einer Sanduhr weiterlaufen.« Dann aber wohl ohne Altersklasseneinteilung!

Besuch im Bio-Haus

Schon die Ankündigung, diese städtische Neuheit zu besichtigen, hatte eine gewisse gesundheitsfördernde Wirkung: statt des für Stadtbummel zu zweit üblichen Make-ups nahm ich Niveacreme, statt der Pumps einen Sportschuh. Ich zog den Bauch ein und hielt mich grade, aber ach ...

Für die armseligen Blumenköhlchen war ich schon zu schick und für die Äpfelchen zu glatt und vergleichsweise pfirsichhaft. Ganz traurig wurde mir in der Gemüseabteilung zumute, denn die Jahre, in denen ich für die Puppenküche unserer Tochter gern solche Miniausgaben erstanden hätte, waren längst vorbei. Heute scheinen Kinder auch etwas anderes zu spielen, denn hier gab es neben biologisch angebautem Spielzeug auch eine Abteilung für Klein- und Kinderzimmermöbel, die man sicher unbeschadet in den Mund nehmen kann und die selbst bei Verzehr nicht so lange im Magen liegen wie dieses Plastikzeug. Auch Wolle wurde reichlich angeboten, dazu Stricknadeln aus Holz. Um ein Muster braucht man sich da wohl keine Gedanken zu machen, dafür sorgen die Unebenheiten der Materialien. Die bereits gestrickten Pullover hatten denn auch sämtlich einen Einheits-Look und sahen wie »Modell DEMO« aus.

Aber in der Lebensmittelabteilung wurde es dann noch einmal hochinteressant. Zwar wird man als Gartenbesitzer zwischen »das wächst doch bei uns auch« und schlechtem Gewissen wegen brutalem Ausreißen dieser Pflanzen hin und her gerissen, aber man verläßt diesen Unkrautrehabilitations-Tempel schließlich doch mit dem festen Vorsatz, im nächsten Jahr einmal Löwenzahnsalat mit Distelöl und Brennesselsaft auf den Tisch zu bringen.

Spätestens jetzt bekommt man dann auch Hunger, und wir standen prompt vor dem Hinweisschild: Restaurant in der 1. Etage. Also drehten wir uns links herum — auch das war nicht biolike, denn nach Vorbild vieler Artikel dieses Hauses sollte man rechtsdrehend sein — und stiegen die etwas wurmstichtige Holztreppe hinauf. Auch diese kleinsten Nagetiere hatte man wohl erfolgreich vor jeder Art Chemikalie bewahrt.

Wenn ich auch nicht sagen kann, daß die Pfütze unter meiner Zunge in Erwartung einer Bio-Mahlzeit besonders groß gewesen wäre, so war ich doch freudig gespannt. Ersteres, weil ich nicht selbst zu kochen brauchte; zweitens, um etwas Neues für den heimischen Küchenzettel kennenzulernen. Solcherart wären die Getreidebrätlinge gewesen, die laut Speisekarte angeboten wurden, die es aber leider an diesem Tage nicht mehr gab. Der Gemüseauflauf war ein schwacher Ersatz dafür, denn der erscheint seit Jahren in regelmäßigen Abständen auch auf meinem Speisefahrplan. Nur verdient dieses Gericht, wenn es aus unserem Backofen kommt, in höherem Maße die Bezeichung Auflauf, während es hier so aussah, als machten diverse Gemüsesorten, mengenmäßig angeführt von Kartoffeln, Schwimmversuche.

Aber alles wurde durch einen Joghurt ohne Früchte ausgeglichen, den sich meine Mann am späten Abend des gleichen Tages aus dem Kühlschrank holte, um ihn sauerstoffdurchlüftet auf der Terrasse zu verzehren. Dieses Produkt schien allein geschmacklich unübertrefflich zu sein und wurde in höchsten Tönen gelobt. Wenn etwas so gesund ist und auch noch soo gut schmeckt, ist das schon einige Begeisterung wert. Kein Wunder also, daß ich mir für zukünftige Einkäufe in einem Bio-Laden den leeren Becher später noch einmal bei Licht besah. Neben dem Preisschild des Supermarktes trug er die schlichte Bezeichung: saure Sahne.

Es geht nun mal im Leben
so mancher Griff daneben …

Der 100 km-Lauf

Haben Sie diese Distanz schon einmal aus eigener Kraft hinter sich gebracht? Wenn auch nicht laufend oder zu Fuß gehend — davon wage ich gar nicht zu sprechen — aber vielleicht mit dem Fahrrad? Fast möchte ich aus meiner eigenen inaktiven Vergangenheit heraus hinzufügen: an einem oder mehreren aufeinanderfolgenden Tagen.

Oder geht es Ihnen wie mir und vielen anderen Menschen, denen für diese Entfernung nicht nur jeder persönliche Maßstab fehlt, sondern auch die Kenntnis von dieser Disziplin? Wenn man von einem Marathon-Lauf spricht, weiß ungefähr jeder, daß diese 42 km etwas sind, was höchsten Respekt verdient. Schließlich ist das antike Vorbild nach Bewältigung dieser Strecke tot zusammengebrochen. Bei hundert Kilometern dagegen scheint die menschliche Vorstellungskraft gelegentlich auszuhaken, denn man erntet manchmal nur ein etwas ungläubiges Lächeln, sobald davon die Rede ist.

Also ich brauchte jedenfalls einen handfesten Vergleich, um mit dieser Streckenlänge zurechtzukommen und landete bei der Vorstellung, ich würde bei automobiler Fahrt ab Düsseldorf in Richtung südliche Ferienregion, weit hinter Köln sagen: »Ach, Schätzchen, halt' doch bitte kurz an! Ich bin nicht ganz sicher, ob ich den Herd ausgeschaltet habe und *gehe* eben nachschauen.« Wenn ich dann jemals wieder zusteigen sollte, dann könnte ich mir ein Urteil über hundert Kilometer sozusagen »in bar« erlauben.

Oder man könnte z. B. in Triest, statt zu fluchen, den Freunden auf dem bereits abgelegten Küstendampfer nach Venedig fröhlich hintererrufen: »Macht nichts, dann laufe ich eben. Bestellt schon Spaghetti für mich mit!«

Also Vergleichsmöglichkeiten gibt es hier viele, aber mich reizte nun doch das Original-Erlebnis, und ich übernahm mehr oder weniger freudig abermals den Posten des Betreuers. Ganz schnell ein paar Worte zu dem Adjektiv »freudig«, denn ich habe damit durchaus meine Schwierigkeiten, jedenfalls *vor* dem Wettkampf. Bedeutet dies doch für mich lange Strecken am Steuer und ständige Präsenz in dienender Funktion.

Aber welch eine Belohnung jedesmal, wenn nach Ab-Lauf der fixierten Wartezeit die vertraute Gestalt im Blickfeld erscheint! Die Wonnen eines ungestörten Wochenendes mit vielen Stunden nur für mich und meine ureigensten Interessen bestens kennend, bin ich doch jedesmal mehr als froh, mitgefahren zu sein und dabeisein zu dürfen. Die Atmosphäre eines Ereignisses ist im allgemeinen nur mangelhaft zu beschreiben, so auch hier. Man sollte deshalb unbedingt einmal selbst mit positiver Einstellung an Start und Ziel stehen, gerade bei auswärtigen Läufen.

Es interessierte mich auch, wie Menschen aussehen, die freiwillig eine Tortur von hundert zu laufenden Kilometern auf sich nehmen, und dies bei zunehmender Hitze. Hübsch sahen sie aus, bevor sie verschwitzt waren; und als sie verschwitzt waren und weniger hübsch aussahen, waren sie durch ihre Leistung über alle Äußerlichkeiten hinausgewachsen. Und fröhlich waren sie, ansteckend fröhlich, wo doch heute so mancher Zeitgenosse in dieser Richtung etwas unterentwickelt ist.

Gelegentlich ergibt sich übrigens auch eine Chance zu eigener Aktivität, wenn man dazu bereit ist. Hier muß ich kurz die Situation schildern.

Startschuß morgens um fünf Uhr, das ist im September in dunkler Nacht. So ist es verständlich, daß sich sämtliche Hunde des kleinen Elsaßdörfchens Vogelgrun ganz fürchterlich über den Knall aufregten, aber als sich das vielfüßige, samtpfötige Getrappel entfernt hatte, machten wohl alle noch einmal die Augen zu, außer den Aktiven. Es handelte sich um einen ca. 25 km langen Rundkurs, und so war ich zur ersten Passage als Garderobiere bestellt — Bewegung und beginnender Sommertag machten einige Bekleidungsstücke überflüssig — und zur zweiten Passage als Tankstelle. Während mein »Bauchladen« die vertrauten und bereits bewährten Eletrolytgetränke enthielt, wurde am dortigen Verpflegungsstand ein anderes Fabrikat angeboten. Da ich noch Zeit hatte, informierte ich mich über dieses LX 1 — als mein Läufer an mir verbeizischte, mit 19 Minuten Verfrühung! Meine Verblüffung war perfekt und die bestellte Wettkampfverpflegung weit, nämlich im entfernt geparkten Wagen.

Vor dem 100 km-Lauf

Zieleinlauf nach 100 km

Von nun an stimmte natürlich die ganze akribische Planung nicht mehr. Ich hörte im Geiste schon großes Gejammer über das fehlende TOPFAN-Gemisch und setzte mich mit diesem in Bewegung. Zweimal lief ich meinem Aktiven sechs Kilometer entgegen, zur Nachahmung empfohlen! Sie glauben gar nicht, wieviel anerkennende Blicke Sie dann ernten, und den meisten Teilnehmern, in diesem Falle Franzosen, fiel auch eine nette Bemerkung ein. Um sie zu verstehen, muß man wirklich nicht französisch sprechen können. Dieses Spiel ist nicht nur uralt, sondern auch weltweit und buchstäblich grenzenlos zu praktizieren. Kaum zu schildern, mit welcher gesteigerten Freude man an der Siegerehrung teilnimmt, wenn man selbst mehr Blasen an den Füßen hat als der Hauptakteur. Dementsprechend gleichfalls strapaziert, wird man beinah dementsprechend gleichfalls geehrt. Außerdem schreitet man, nach Ablauf der offiziellen Rituale und einer genüßlichen Ruhepause, ganz anders zu Tisch, besonders, wenn dieser im Feinschmeckerland Elsaß steht und man als Frau für das, was aufgetragen wird, in keinster Weise zuständig ist.

Die Rückfahrt läßt sich dann ganz sicher mit etwas Geschick so einrichten, daß ein hübscher Ort an der Strecke liegt, der einen kleinen Abstecher wert ist. Bei uns war es auf dem Rückweg von Vogelgrun Badenweiler, das gleich aus mehreren Gründen zu empfehlen ist. Unter den vielen Fußlahmen dieses Rheumabades fällt nämlich auch ein freiwillig Muskelkatergeschädigter nicht auf, selbst wenn er aus gleichem Anlaß eine ungewöhnliche Art des Treppensteigens kreiert, und zwar den Rückwärtsgang. Neugierige, mitleidige und bewundernde Blicke trafen uns — der Sieger nimmt alles!

Aktuelle Anmerkungen zum gleichen Thema:

1984 nahm mein Mann an einem weiteren 100 km-Lauf teil. Zunächst »auf Hundert« war ich, denn der Kommentar nach Vogelgrun hatte gelautet, dies wäre die erste und letzte Teilnahme an einem Wettkampf über diese Distanz gewesen. Aber was sind schon Worte oder Zahlen! Unsere Tochter war gleichzeitig wenige Tage vor den Abiturklausuren auf 39^{2}, das war viel schlimmer.

Da jedoch hier wie dort eine Zulassung von den Vornoten abhängt und es im sportlichen Blätterwald schon unüberlesbar geraschelt hatte, gab es für den als Weltbesten seiner Altersklasse eingeladenen Läufer kein langes Überlegen. Selbst ich mußte einsehen, daß ein arrivierter Langstreckler nicht absagen kann, wenn Harry Arndt zum internationalen Wettkampf über »hundert Kilometer am Stück« einlädt. Zum besseren Verständnis stellte ich mir vor, ich wäre von Vrony Carstens zum Tee in die Villa Hammerschmidt gebeten — und wußte schlagartig, daß es nur eine Möglichkeit gab: nichts wie hin!

Am 14.4. um 7 Uhr früh fiel der Startschuß, aber leider nicht nur für den Superlanglauf, denn die Darm-Gärungs-Bakterien des großen Meisters, kurz DGB, hatten just an diesem Tage zum Streik aufgerufen! Ob man nun sagt, ab Kilometer sechzig lief nichts oder alles, bleibt sich ziemlich gleich. Die nachdrücklich geforderte und auf Umwegen beschaffte Herren-Schokolade, die passionierten Naschern sonst prompt und unerwünscht Verstopfung verschafft, lag dem Läufer angeblich kilometerlang völlig trocken im Mund. Aber dann ist sie wohl doch durch die Rüttelbewegungen dorthin gelangt, wo sie dringend gebraucht wurde. Inzwischen war jedoch die amtlich vermessene Strecke um zwei Seitensprünge in die Büsche verlängert worden, was nicht nur kostbare Minuten forderte, sondern den Guttrainierten die eigene Bestzeit um 26 Sekunden verpassen ließ.

Bevor ich wie durch ein Wunder zu der Schokolade gekommen war, hatte ich mich an den Malteser Hilfsdienst gewandt, aber leider vergeblich um ein Interstopf-Präparat, egal welcher Art, gebeten. So sei mir der Rat an den rundum fertigen Läufer verziehen: »Laß dich doch einmal von solch einem AQUAVIT-Menschen massieren.«

Die Zitronensaft-Kur

Wenn man als Frau eine Einladung erhält, ist meistens der erste Gedanke: »Was ziehe ich an?«

Beim Läufer ist das etwas anders. Er wartet gar nicht erst ab, ob er zu einem Wettkampf eingeladen wird, sondern schaut bei entsprechender Neigung auf den Kalender der Laufveranstaltungen und lädt sich mit einer Anmeldung selbst ein. Aber dann stellt auch er sich eine Frage, nämlich: »Was wiege ich?«

In beiden Fällen ist nun die Antwort etwas paradox.

Wer kennt nicht die Frau, die vor einem übervollen Kleiderschrank sagt: »Ich habe nichts anzuziehen!«

Mit der gleichen Berechtigung stellt ein Läufer seine bereits ausgemergelte Gestalt auf die Waage und sagt: »Ich bin zu fett!«

Und prompt findet sich in einem Läuferjournal der Bericht eines Gleichgesinnten über eine Fastenkur: Er hätte sich relativ wohl gefühlt und soundso viel Kilo abgenommen, was zu einer Zeitverbesserung von etlichen Minuten geführt habe. Adresse zum Anfordern aller Einzelheiten war angeführt.

Was kann man da noch erwidern?! Schließlich kommt in der Natur das Fasten so häufig vor, daß es kein Wunder ist, daß es der Mensch übernommen hat und oft mit dem Begriff des Heilens kombiniert.

»Die Zitronensaftkur« hieß in unserem Falle das Zauberwort, das gottlob in der sommerwarmen Ferienzeit aufkam, wo man sowieso lieber trinkt als ißt und es in fortgeschrittenem Stadium der Kuranwendungen nicht allzu befremdlich auffällt, wenn jemand irgendwo etwas matschig herumliegt. Außerdem ist günstig, daß zu dieser Zeit die Augen erwachsener Kinder möglicherweise an anderen Orten mit schöneren Dingen beschäftigt sind, was viel Kritisches ungesagt bleiben läßt.

Eine angeheiratete Betreuerin ist da flexibler. Sie mustert ihre eigene Figur einmal eingehend, sagt »... kann ja nicht schaden« und macht mit.

Die Zutaten schienen denkbar einfach zu sein, aber dieser Schein trog. Zwar sagte man uns in jedem Geschäft im Brustton der Überzeugung: »Wir führen nur ungespritzte Zitronen«, aber beim Ahornsirup mußte man schon Kenner der Materie sein, um den Frager zum Käufer zu machen. Sahen uns einige Verkäuferinnen von Delikatessen an, als hätten wir »Zarte Findlinge in Sonnenöl« verlangt, so strahlten andere wissend und hörten es nach einem Griff ins Regal bereits in ihrer Kasse klingeln. Wenn man bedenkt, daß unendlich viele Tropfen tropfen müssen, bevor aus einem 40 Jahre alten Ahornbaum 50 Liter Saft gewonnen sind, die dann zu 1 kg Sirup eingedickt werden, hat man erst die rechte Vorstellung, wie anhaltend das berechtigterweise in der Kasse klingt.

Aber der Läufer, der ja zu diesem Zeitpunkt noch normal ernährt und bei voller geistiger Frische war, gab erst einmal seine detaillierten Spezialkenntnisse und -wünsche zum besten. Wenn nämlich in den kanadischen Wäldern bei Frühlingsbeginn die Ahornbäume angezapft werden, opfern sie erst in der dritten Phase den Saft, der geeignet ist, den Körper über längere Zeit mit den erforderlichen Mineralien zu versorgen, was ihm die Qualifikation »Grade C« verleiht.

So verlor mancher Verkäufer rasch sein Lächeln — und ich bereits die ersten Pfunde, weil wir unzählige Geschäfte abklappern mußten, um das Gesuchte zu finden. Bis wir dann doch im ersten Reformhaus Ahornsirup »Grade A« kauften, da »C« ausverkauft, hatten wir ganze Delikateß-Straßen durchwandert, wobei wir mit Genüssen konfrontiert wurden, die den Gaumen über Augen und Nase vor Vorfreude in Verzückung geraten ließen — und hatten schließlich nur Zitronen erstanden!

Nun will ich Ihnen aber endlich die Mixtur verraten:

2 Eßl. frisch gepreßter Saft ungespritzter Zitronen und 2 Eßl. Ahornsirup werden mit einer Prise Cayennepfeffer gewürzt und mit 150 ccm kohlensäurearmem Mineralwasser aufgefüllt. Auch wenn Sie, wie ich, nicht wissen, wozu der Cayennepfeffer gedacht ist, sollten Sie diesen auf keinen Fall unter den Tisch fallen lassen. Er ist das einzig wirklich Interessante an der ganzen Geschichte, egal, ob er Sie an ein herzhaftes Steak erinnert oder nur der Eintönigkeit Beine macht.

In doppeltem Sinne des Wortes darf man nun hier »Prost Mahlzeit« sagen!

Dieses Gemisch darf 6—12 x getrunken werden während der »Wachperiode« eines Tages. Das wird in der Broschüre extra erwähnt, weil es Ihnen passieren kann, daß Sie auch am Tage vor Erschöpfung einschlafen. Da ich aber kein Läufer bin, reagierte ich leider gänzlich anders und konnte dafür in der Periode, die selbst der Erfinder dieser Kur für den Schlaf vorgesehen hat, vor Hunger nicht einschlafen. Aber von viel Eßbarem träumen konnte ich seltsamerweise trotzdem.

Doch zurück zu diesem Getränk, das übrigens zugegebenermaßen ganz entzückend schmeckt. Aber damit an diesen 5—10 Tagen nicht allzuviel Wonne aufkommt, soll morgens auf nüchternen Magen ein Liter lauwarmes Salzwasser nachgeschüttet werden, worauf der Darm wunschgemäß alles entsetzt von sich gibt. Nach meinen Beobachtungen war dem großen Meister von diesem Gesöff 10 Minuten lang so zumute wie mir wochenlang am Beginn jeder Schwangerschaft.

Wenn Sie meine bisherigen Ratschläge befolgt haben, können Sie alles mit der sommerlichen Hitze erklären. Gut ist zusätzlich ein Wochenende für den letzten Teil Ihrer privaten Fastenzeit, damit das ebenfalls etwas dünn gewordene Gehirn nicht zur Wahrung des Gesichtes nach einer anderen Ausrede durchforstet werden muß, was in diesem Zustand reine Energieverschwendung wäre.

Falls Sie nach der Bekömmlichkeit fragen: Also unserer Küche ist die Kur glänzend bekommen! Sie war selten so konstant ordentlich, wenn auch stellenweise ein bißchen klebrig. Aber geradezu tolle Tage hatte der Mülleimer: nur appetitlich duftende Zitronenschalen.

Ausgesprochen gelitten hat dagegen die Gemütlichkeit! Das gesellige Beisammensitzen mit gutem Essen und Trinken ist einfach durch nichts zu ersetzen, und erst in solch einer Ausnahmesituation merkt man, wieviel Zeit man mit diesen beiden schönen Beschäftigungen zubringt.

Zum Schluß zu mir. Ich habe das hehre Schiff der Beherrschung und Disziplin bereits am zweiten Tag verlassen und beim Gute-Nacht-Kuß geflüstert: »Bringst du mir morgen 1/4 Pfund Schabefleisch aus der Stadt mit?« Nach dem Motto, daß in einem gesunden Apfel auch ein gesunder Wurm sitzt, fühlte ich mich verpflichtet, diesen so zu ernähren, daß er nicht nur gesund, sondern auch fröhlich bleibt.

Natürlich ist es schön, wenn sämtliche Kleider wieder passen; es muß ja nicht gerade das Taufkleid sein!

Unter Segeln zum Halbmarathon

Nach den sprachlichen Gepflogenheiten unserer Breiten könnte man theoretisch zu dieser Distanz auch »Marathönchen« sagen, aber diese Verniedlichung steht in keinem Verhältnis zu den immensen Anforderungen, die selbst diese geteilte Mammutstrecke an die Kondition stellt.

Aber mein Mann muß es wohl doch irgendwie als halbe Anstrengung empfunden haben, denn er beschloß, für die Anreise zum Austragungsort in der Karibik nicht das Flugzeug zu wählen, sondern ein Segelboot! Die Tatsache, daß er an dieser hochseetüchtigen Yacht beteiligt war, spielte dabei natürlich die Hauptrolle, aber auch für einen Anteilseigner sind 2850 Seemeilen oder 5278 Kilometer über den großen Teich erst einmal heil abzureiten. Diese Yacht wurde zum ersten Mal überführt, um Karibiktörns durchzuführen.

In diesem Falle hieß es also: Ohne Atlantiküberquerung keine Teilnahme am Internationalen San Blas Marathon in Coamo auf Puerto Rico. Klingt wie: Ohne dicke Bohnen kein Mousse au Chocolat.

Für alle Läufer unter den Lesern stellt sich natürlich als erstes die Frage: Wie verkraftet ein Hochtrainierter drei Wochen auf einer Segelyacht mit ihren nur 15,50 Metern Länge? Ganz einfach: er hängt sich in die Wanten (Mastbefestigungen) und läuft auf der Stelle, sobald sich das Bootsdeck halbwegs in der Horizontalen befindet. Und das mehrmals täglich, weil Läufer im allgemeinen keine starken Arme haben. Aber da dieser »Wantenhänger« ja auch Schwimmer und Radfahrer — sprich Triathlet — ist, konnte er auch hängend länger laufen. Ob er sich dabei vorgestellt hat, er ginge zu Fuß nach Amerika, weiß ich nicht.

Für mich sah dieses Unternehmen ja überhaupt ganz anders aus.

Der ab November beständig in Ost-West-Richtung wehende Passat bestimmte den Termin: am 26. November 1982 sollte in Gran Canaria in See gestochen werden. Also waren die Gedanken des Reiselustigen schon einige Wochen vorher zu Hause nicht mehr ganz bei der Sache, was leider gerade für ihn selbst eine praktische Panne zur Folge hatte. Zwar wurde beim letzten heimischen Frühstück die Checkliste noch einmal Punkt für Punkt abgehakt, aber »gepackt« ist eben nicht gleichbedeutend mit »im Gepäck«.

Vom Flughafen zurückgekehrt, hatte ich gerade die Maschine nach G.C. starten hören, als ich das sorgfältigst gepackte Reisenecessair seelenruhig auf dem Wannenrand stehen sah. Es beherbergte nicht nur den extra angeschafften Rasierapparat mit Lademöglichkeit, sondern auch sämtliche Cremes, die sich Läufer und Segler hier- und dorthin schmieren. So sah ich bereits wunde Füße, geplatzte Lippen und andere entzündete Körperregionen, von der geminderten Windschlüpfigkeit durch einen Bart ganz zu schweigen. Die Devise hieß also handeln, und zwar schnell, denn am nächsten Tag sollte der letzte der insgesamt vier Segler (plus Skipper = Bootsführer) an Bord kommen und der Anker gelichtet werden.

Mein erster Gedanke war der Düsseldorfer Flughafen. Eine Direktverbindung nach Gran Canaria gab es aber erst wieder eine Woche später; alles andere war teurer als ein nachgekaufter Rasierer.

Der nächste Gedanke galt einer Freundin von uns, die schon so manches Mal unmöglich erscheinende Angelegenheiten noch gedeichselt hat. Da wir kürzlich an ihrer langen Geburtstagstafel zusammen mit Piloten und Stewardessen gefeiert hatten, schien mir diese Fährte nicht aussichtslos. Ich erreichte Renate mit der Klinke in der Hand; die anschließende Fahrt ins Büro im Frankfurter Terminal nutzte sie zum Überlegen. Fazit: Das Necessair würde nach menschlichem Ermessen nur so lange im Eiltempo weitergereicht werden, wie auch die persönlichen Beziehungen reichten — und dann herrenlos irgendwo stehen bleiben. Bei diesem Rasierapparat, dem schönsten und teuersten einer »farbigen« Firma, wahrscheinlich nicht lange!

Der dritte Gedanke löste gleich eine Art Kettenreaktion aus, die mit einem Anruf bei der Reederei in Hamburg begann: Frage nach Name und Adresse des erst am nächsten Tag anreisenden Crewmitglieds, angeblich in Berlin wohnhaft.

Aber es war nicht Berlin! Als ich die vierstellige Postleitzahl vom Heimatort dieses Mannes hörte, schwand all meine Hoffnung.

Wie sollte ich, im Vergleich zu häufigen Berlinflügen, in dieses Dorf so schnell mein Päckchen bekommen?!

Aber Segler sind, wie Läufer, einfallsreich und hilfsbereit. So wurde telefonisch eine D-Zug-Station verabredet, die tatsächlich den Mitsegler nachts vom Eintreffen des Expreßpäckchens benachrichtigt hat, so daß er auf seiner frühen Fahrt zum Stuttgater Flughafen das Corpus delicti abholen und später seinem erstaunten Segelkameraden in die Hand drücken konnte. Die Deutsche Bundesbahn machte es möglich, obwohl das Unternehmen auch hier noch zu scheitern drohte. Als ich nämlich in die Expreßabteilung stürmte, in der einen Hand das Päckchen, in der anderen den Fahrplan, weil bereits dreißig Minuten später ein Intercityzug nach Stuttgart fuhr, wurde ich mit einem breiten Lächeln darüber aufgeklärt, daß ICs erst ab 1. Dezember Post befördern dürften. Ein Blick zum Kalender: 25. November! Aber eine Stunde später fuhr dann doch ein beförderungswilliger Zug, und nach einigen Erklärungen und Bitten trug mein Päckchen dann sämtliche beschleunigenden Stempel und handschriftlichen Zusätze, die es nur gibt, in *Rot*!

Nun zu den maritimen Dingen.

Kaum eine Regel ohne Ausnahme, so auch der Passat. Manchmal schien er zu schlafen, dann wieder an Stärke verdoppelt, was ihn befähigte, zentnerweise Saharasand peu à peu herüberzutragen. Plötzlich war die LINJA VI mit einem rötlichen schmierigen Belag versehen und alles knirschte. Einzige Besucher an Bord waren in diesen Tagen fliegende Fische. Bei bis zu acht Meter hohen Wellen finde ich es auch erwähnenswert, daß niemand seekrank wurde, obwohl es eine Mitseglerin gab.

Wenn man so lange nur Wasser gesehen hat, ist natürlich die erste Landsicht eine Flasche Champagner wert. Schon als sich eine völlig erschöpfte Schwalbe auf dem Arm des Skippers von ihrer Exkursion aufs offene Meer ausruhte, wurde auf Hochstimmung umgeschaltet.

Nach neunzehn Tagen und zwanzig Stunden wurde im Hafen von Bridgetown auf Barbados festgemacht und wieder laufen gelernt. Der berühmte Matrosengang ist ja kein Zufall. Für die Schwierigkeit, sich wieder ordentlich auf seinen Füßen fortzubewegen, mag die Tatsache sprechen, daß mein Mann der segelnden

Dame, der er natürlich in einer Gasse des Hafenviertels den Vortritt gelassen hatte, ganz fürchterlich in die Hacken getreten hat. Sagt er.

Die Nichtläufer unter den Seglern, also alle außer meinem Mann, wollten verständlicherweise Weihnachten zu Hause sein und absolvierten die Inselbesichtigung im Eiltempo bzw. in einem Jeep. Nach ihrem Abflug entfiel nicht nur ihre kameradschaftliche Gesellschaft, sondern auch die Yacht als Herberge, denn inzwischen waren neue Gäste an Bord gegangen für einen Törn »round Islands«. So wurde in einer kleinen Pension für einen Monat Quartier genommen — und sofort mit dem Lauftraining begonnen. Diese etwas windschiefe Behausung hatte natürlich ein paar Schönheitsfehler, aber auch eine einzigartige Lage, nämlich direkt am Meer. Wenn der Spätheimkehrer das Foto von dieser/seiner Hausstrecke zeigt, einer menschenleeren, palmenbewachsenen, sich kilometerweit erstreckenden Mischung aus türkisfarbenem Wasser und rosa Sand, sagt er gern: »Das war *mein* Strand!«

Aber es wurde nicht nur hier trainiert, sondern auch im hügeligen Inselinneren. Einmal stob plötzlich ein Rudel Affen auseinander. Sei es, daß diese Strecke besonders günstig war oder man sich halt von Artgenossen angezogen fühlt: das Rudel und der Single sahen sich noch öfter. Aber die Monkeys waren nicht nur neugierig, sondern auch lernfähig. Während der Zweifüßler ständig das gleiche machte, nämlich laufen, veränderte sich das Verhalten der Tiere von einer Begegnung zur anderen, bis sie schließlich ganz zutraulich auf ihrem Platz blieben und vor Freude über das Erscheinen ihres Freundes auf allen Vieren gleichzeitig hochsprangen — wie wilde Affen.

Aber das Programm mußte ja weitergehen. Per Flugzeug auf St. Lucia gelandet, wurde der dem Airport benachbarte Hafen vergeblich nach der LINJA VI abgesucht, mit der noch einmal ein Törn durch die »Inseln über dem Winde« geplant war, übrigens mit Wendepunkt vor Grenada, das kurz darauf zu ungewollter Popularität gelangen sollte.

Das andere Steckenpferd

Besuch an Bord

»Mein Strand«

Der Spätheimkehrer

Mußte schon der gesamte Flughafenkomplex mit Landebahn etc. umlaufen werden, um zum Hafen zu gelangen, so war die andere Möglichkeit, die Yacht zu finden, noch viel weiter entfernt. »Dorthin können Sie nur mit dem Taxi gelangen, es gibt keine Bus- oder Bahnverbindung zur Marigot Bay.« Wie weit es denn wäre, fragte mein Mann. »Siebzehn Kilometer«, war die Antwort. »Ach, dann laufe ich.« Diese Frau hätte plötzlich etwas verstört geguckt, obwohl sie nicht wissen konnte, das Hin- *und* Rückweg auf diese Weise zurückgelegt wurden.

Mit dieser Marigot Bay hat es eine besondere Bewandtnis. Sie ist derartig hinter natürlichen Kulissen aus Palmen versteckt, daß sie bei der Entdeckung Amerikas angeblich nicht entdeckt wurde und so von den spanischen Eroberern verschont blieb. An einer Küstenpartie von Barbados soll es dagegen umgekehrt gewesen sein. Dort hatten Seeräuber durch Laternen in den Palmen einen Hafen vorgetäuscht, und wenn die Schiffe einlaufen wollten, strandeten sie auf den vorgelagerten Riffen und wurden von den Piraten geentert. Diese Einnahmequelle muß so reichlich gesprudelt haben, daß der Oberpirat ein Schloß baute, Sam Lord Castle, das ein Museum beherbergt und noch heute eine Attraktion ist.

Dem bereits erwähnten Inseltörn folgte ein weiterer Flug, diesmal nach Puerto Rico, wo am 6. Februar der große Lauf stattfand.

Lassen Sie mich jetzt bitte einen Sprung machen und den Rest in der Vergangenheitsform berichten.

Nach elf Wochen stand mein Mann wieder vor der Tür, braungebrannt, unwahrscheinlich erfrischt, — und mit einem Vollbart!! Auf dem Kopf hatte er einen riesigen Sombrero, eine Trophäe des San Blas Marathon in Coamo.

Zum Glück war hier gerade Rosenmontag. Der Weltenbummler mag das vielleicht bedauert haben, denn jeder Passant hielt sein Aussehen natürlich für eine perfekte Kostümierung.

Höhepunkte dieses Amerikatrips waren die Landsicht nach der Atlantiküberquerung und die ansteckende Begeisterung der zu Hunderttausenden die Laufstrecke säumenden Puertoricaner, die diesen Lauf ja innerhalb ihres Volksfestes zu Ehren des heiligen Blasius veranstalten und dazu Weltklasseläufer einladen. Sie ließen ihrem südländischen Temperament freien Lauf und hatten anscheinend eine besondere Freude an dem bärtigen Mann mit den schnellen Beinen, denn sie riefen ihm immer wieder zu: »Santa Claus« und »Old Seaman«. Die Begeisterten saßen angeblich nicht nur auf Mauervorsprüngen und Säulen, sondern auch in den Bäumen. Wer wäre da nicht glücklich, ob Läufer oder Segler!

Ich glaube, im Wechseln von (Stecken-)Pferden kann es mein Mann jetzt mit jedem Cowboy aufnehmen ...

Der Stundenlauf

Für den Stundenlauf hat sich jemand etwas Besonderes einfallen lassen. Hier geht es einmal nicht darum, eine gute Zeit zu erreichen, sondern innerhalb von sechzig Minuten eine möglichst lange Strecke hinter sich zu bringen. Das ist ungefähr so, als ob man beim Zähneputzen die Bürste festhält und mit dem Kopf wackelt.

Ich stellte mir großes Gedränge vor, weil jeder Läufer einen Rundenzähler haben muß. Dieser hat sicher nach dem Wettkampf das Gefühl, zu schielen, denn er muß ja den ihm zugeteilten Sportler eine Stunde lang fest im Auge behalten bzw. exakt seine gelaufenen Runden zählen. In unserem Fall war das dann aber nicht so schwierig.

Jahrelang war das Wort »Stundenlauf« durch die Wünsche und Planungen meines Mannes gegeistert. Und nun, da er sich endlich für eine Teilnahme in Remscheid entschieden hatte, kam prompt für den gleichen Termin eine besonders reizvolle Einladung zu einem großen Hochzeitsempfang auf Burg Ingenhoven. Änderungen liebt dieser Läufer nicht, und ein Angebot des Veranstalters nannte einen guten Ausweg: Für alle mit der Durchführung des Wettkampfes Beschäftigten gab es die Möglichkeit, eine Woche vorher ihre Kräfte an den Maßen des Stadions zu messen. Zutreffender wäre die Formulierung »einen Sonn- oder *Feier*tag vorher« gewesen, doch davon später.

Die Situation war einzigartig. *Ein* Läufer, *ein* Betreuer, *ein* Offizieller, kein Mitläufer, kein Windschatten, kein Ansporn! Der Ärmste mußte mutterseelenallein immer wieder das Oval umrunden, während der Veranstalter mit der Betreuerin in der Sonne saß, die lebhafte Unterhaltung nur für das Zurufen der Runden und Zwischenzeiten unterbrechend. Eine blödere Wettkampfsituation kann man sich kaum vorstellen.

Aber dafür wurde der in höchstem Maße Aktive unumstrittener Sieger! Diesmal nicht nur in seiner Altersklasse, sondern auch des Gesamtklassements. (Die übrigen Vorab-Läufer setzten sich übrigens am Freitag, dem 17. Juni, in Trab.)

Gratuliert wurde meinem Mann auch noch weniger zu seinem Erfolg von 15 760 Metern, sondern vor allem zu seiner Frau. Dazu muß ich eine Geschichte erzählen, die ich gerade gehört hatte.

Nach einer kleineren Sportveranstaltung hatte jemand die Parole ausgegeben: Alle Verheirateten in die Duschen links, alle Geschiedenen in die Duschen rechts. Das Ergebnis hat mich sehr erschüttert, denn die »verheirateten« Duschen sollen völlig trocken geblieben sein.

Falls Sie mich fragen: Ich finde, eine Ehe ist zu schade, um sich darin auseinanderzuleben, und die Alternative dazu halte ich auch bei gegensätzlichen Neigungen für ausgesprochen reizvoll. Vieles ist ja bereits bei der Gründung des Clubs mit nur zwei Mitgliedern soweit erkennbar, daß man ahnen kann, was mit den Jahren daraus wird und einem möglicherweise bevorsteht. Wenn man den Anzeichen keine Beachtung schenkt, sollte man später nicht dem Sport die alleinige Schuld geben.

Manche Frau verführt dann trickreich einen anderen, viel weniger kalkulierbaren Mann, während der gleiche Aufwand an Charme und Phantasie beim eigenen viel effektiver gewesen wäre. Von ungeteilt gebliebener Familie und ihrem Besitz ganz zu schweigen. Und wer garantiert diesen Geschöpfen, daß der Neue nicht auch eines Tages stramm in eine bestimmte Richtung marschiert? Wobei gelegentliche Bremsversuche nach meinen Erfahrungen das Marschtempo nur noch steigern.

In bestimmten Jahren mag es ja ganz schick sein, einige Probeehen zu führen. Ganz sicher ist es die interessanteste Methode, die eigene Menschenkenntnis zu erweitern, aber meines Erachtens ist das Leben für diese Einteilung zu kurz. Denn von den schönen reiferen Jahren, diesen Flitterwochen ohne Streß und Ende, möchte ich am allerwenigsten etwas abgeben.

Läufers Temperamente

Bei diesen treten jene am deutlichsten zu Tage, wenn der Startschuß zu einem offiziellen Lauf bevorsteht. Und wie immer, wenn viele Menschen unter gleichem Vorzeichen dicht beieinander stehen, kann man als Beobachter interessante Studien treiben.

Gehen wir einmal von den vier üblichen Temperamenten aus, die bekanntlich nach Körpersäften benannt wurden. So wird der Sanguiniker von lateinisch sanguis = Blut abgeleitet, das vor dem Wettkampf unternehmungslustig in seinen Adern rollt. Diese Aktiven trippeln von einem Fuß auf den anderen, auch wenn sie nicht von einem menschlichen Drang dazu getrieben werden, wie das vor jedem Start normal ist. Sie haben, auch wenn es noch morgendlich kalt sein sollte und sie kaum etwas Textiles auf dem Leibe tragen, rote Bäckchen und blanke Augen, wenn auch gelegentlich gleichzeitig Gänsehaut und fröhlich schlotternde Glieder. Ihren Platz suchen sie sich an exponierten Stellen, wo sie den Vertretern der anderen Temperamente Windschutz und Geborgenheit in der Masse bieten. — Was das Blut anbetrifft, so sind wohl alle Läufer nicht davor gefeit, daß es irgendwann-irgendwo an die Oberfläche drängt, sei es an den Füßen oder sogar an den Brustwarzen, dort liebevoll von gepolstertem Heftpflaster erwartet.

Die Phlegmatiker, abgeleitet vom »kalten Schleim« auf griechisch, sind wohl die kleinste Gruppe innerhalb solch einer Ansammlung von Aktiven. Nähme man diese Übersetzung wörtlich, wären sie also jene, die wie die Lamas ständig um sich herumspucken. Möglicherweise sind sie noch mit der Anbringung ihrer Startnummer beschäftigt, wenn die ersten bereits lostraben. Sie stehen sowieso am Ende des Starterfeldes, um die Schritte bis zur Spitze des Teilnehmerfeldes zu sparen.

Jetzt kommen wir zur Galle bzw. deren Saft. Ist dieser so schwarz wie der englische Humor, heißt er griechisch melas cholos und bedeutet Melancholie, also etwas trübe und zähflüssig, um dieses durch Straßenverkehrsmeldungen berühmt gewordene Wort zu gebrauchen. Diese Sportler sind oft von blasser bis leicht grünlicher Gesichtsfarbe und nehmen ebenfalls gern in der hinteren Hälfte Aufstellung, weil es vorne ja schon so voll ist.

Sprechen wir von Cholerikern, ist besagter Gallensaft weiß oder gelb und der dazugehörige Mensch leidenschaftlich und reizbar bis jähzornig. Das sind jene, die vorne stehen und dann noch mit den Ellbogen um sich stoßen und mit den zum Glück weich beschuhten Hufen ausschlagen.

Soweit die Temperamente, nun aber schnell noch etwas zu den charakterlichen Eigenheiten, die natürlich auch grenzüberschreitend auftreten.

Sie wissen, Läufer sind auch Menschen und sehen sich gelegentlich nicht so, wie sie sind, sondern so, wie sie gerne wären. Diese Spezies steht nicht vorn, sondern ganz vorn und behindert damit die, die nicht nur denken, sie seien gut und schnell, sondern dies auch wirklich sind.

Ganz hinten dagegen stehen u. a. die Pessimisten. Sie wissen, ein Pessimist ist ein ausgelernter Optimist.

Irgendjemand muß ihnen vor oder nach ihrer Geburt erzählt haben, ihre Fähigkeiten reichten nur von zwölf bis Mittag und wenn sie dann doch etwas Tolles zustande bringen, denken sie als erstes an einen Irrtum.

Wenn man bedenkt, daß es Höfliche und Ekel überall gibt, haben wir jetzt wohl fast alle Schattierungen erfaßt — bis auf die Genießer! Ich bin ganz sicher, daß so mancher Läufer einfach nur die Wettkampfatmosphäre und die bewundernden Blicke der meist weiblichen Begleiter genießt, flott und attraktiv mit losläuft und dann irgendwo unterwegs möglichst unbemerkt den Schirm einfach zumacht. An fast jedem Ort sind ihm auf Grund seiner Läuferkluft und der Startnummer Bewunderung und Respekt sicher. Er flirtet halt nur mit dem Laufen und weiß, daß hier wie dort der Anlauf oft das schönste ist.

Es gibt eben auch hier, wie überall, Teilnehmer, die schwach anfangen und dann stark nachlassen, aber am meisten bewundere ich jene, die solch einen Wettstreit ohne Uhr mitmachen, denn sie haben mit Sicherheit den größten gesundheitlichen Nutzeffekt. So sah ich einmal einen Triathleten ganz gemächlich aus dem Twistesee steigen und zu seinem Fahrrad schlendern. Auf meine Frage, ob er den Wettkampf abgebrochen habe, strahlte er mich an und sagte: »Nein, ich will es nur genießen. Oder haben *Sie* es eilig?«

Eine Woche im Wittgensteiner Land

Sieben Tage lang täglich mindestens ein Lauf! Diese Information gab ich dem meine Geduld speichernden Computer ein, der daraufhin ausspuckte: Konto stark überzogen, Ausgleich für Strafzinsen nicht in Sicht. Da unsere Tochter gerade ihre erste Auslandsreise auf eigenen vier Rädern vorbereitete, brauchte ich nach einer Ausrede nicht lange zu suchen.

Zum Lauf selbst: Er ist nach dem Vorbild der Tour de France aufgebaut, mit interessanter Mischung aus Zeitläufen, Bergwertungen und Langlaufetappen. Sogar das gelbe und grüne Trikot hat man abgeguckt: gelb für Schnelligkeit, grün für Bergwertung. Für eine Beurteilung aus Läufersicht möchte ich Dr. Lennartz zitieren, Dozent an der Sporthochschule Köln und Vater der Gesamtsiegerin der Frauen. Er sagte bei der Abschlußfeier sinngemäß: »Ich dachte, man könne diesen Lauf so nebenbei mitmachen, aber im Nachhinein muß ich sagen, es war wie eine Woche lang täglich ein Nürburgringlauf.« Und dieser ist wegen seiner vielen Höhendifferenzen (Gefälle ist für diese Sportler mindestens ebenso unangenehm wie eine Steigung) berühmt-berüchtigt.

Aber gegen Ende dieser Woche wollte ich natürlich dann doch den Schluß und Höhepunkt dieses Superrennens miterleben und setzte mich in einen Bummelzug. Die Bahnstation war nur ein Haltepunkt und ich befürchtete bis zum Aussteigen, daß selbst dieses lahme Gefährt jenen Winzort mit dem Doppelnamen überrollen würde. Laut Fahrplan mußte nämlich bereits drei Minuten später Bad Berleburg erreicht sein. Aber wie hatte ich mich getäuscht!

Aue-Wingeshausen mit seinen schätzungsweise vierhundert Eingeborenen fühlt sich alle zwei Jahre als Angelpunkt der Läuferszene und gibt sich in diesen Tagen absolut weltstädtisch. Als Gewinner des Wettbewerbs »Unser Dorf soll schöner werden« in jüngster Vergangenheit war der Ort rein äußerlich äußerst reinlich, und den Rest besorgten einige Gasthöfe mit internationalem Fahnenschmuck, üppiger Blütenpracht in den Balkonkästen und noch üppigeren Speisekarten. Man hatte bei Sportlern, die während des Wettkampfes überwiegend von gemahlenen Körnern und

Obst leben, nicht umsonst auf eine gewisse Gegenreaktion nach Ab-Lauf der Woche mit ihren hundertvierzig Kilometern Laufstrecke getippt. Auch die Bewohner fahrbarer Untersätze, die zahlreich auf dem großen, gut angelegten Campingplatz abgestiegen waren, wurden von den gedeckten Tischen angezogen. Als ich eintraf, begann jedenfalls gerade das allgemeine Schlemmen der Aktiven. Kurz vor der Siegesfeier sah man allenthalben gut essende und fröhliche Menschen, die dann am Abend in der großen Schützenhalle fleißig ihre strapazierten Beine auch noch im Tanzrhythmus bewegten. Es herrschte eine Bombenstimmung mit familiärem Unterton.

Für uns gab es neben dem 2. Preis der Altersklasse M 55 (Männer im Alter zwischen 55 und 60 Jahren) noch ein Bonbon besonderer Art. Auf die Startnummer meines Mannes fiel der Gewinn eines verlängerten Wochenendes für zwei Personen!

Wir hatten im Gasthof Weber noch all die Köstlichkeiten zu essen, die der Läufer in seiner Hungerwoche für die Zeit nach meiner Ankunft bereits für uns bestellt hatte, zum Beispiel Wachteln mit Kenia-Böhnchen. Nach vier Tagen und einem wortreichen Abschied packten wir dort unsere Sachen, fuhren um eine Straßenecke — und packten in der Pension Lindenhof alles wieder aus! Da beide Gastwirtssöhne die gleiche Hotelfachschule mit gleich hoffnungsvollen Abgangszeugnissen absolviert hatten und ihre ganze Ehre — gut gewürzt, versteht sich — mit in die Pfanne legten, gab es nach diesen nicht einkalkulierten Tagen für uns nur noch zwei Möglichkeiten: entweder nach Hause fahren und fasten oder dort bleiben und neue Garderobe kaufen. Wir entschieden uns für das erstere, obwohl es uns nicht leicht fiel, dieses zauberhafte Stück Sauerland zu verlassen. Zumal wir überall auf Gleichgesinnte stießen, die sich wie wir noch nicht trennen mochten von dieser paradiesischen Ferienlandschaft mit ihrem großen Reichtum an kaum begangenen Wiesen- und Waldwegen, sämtlich gesäumt von reich tragenden Himbeersträuchern. Auch von diesen Früchten hatten wir Unmengen vertilgt.

Aber zum Glück wird man beispielsweise auch nie zwischen Weihnachten und Neujahr dick, sondern immer nur zwischen Neujahr und Weihnachten.

Der Nürburgring-Lauf

Sie haben ganz richtig gelesen. Auch ich dachte bei Nennung dieser Strecke zuerst an heulende Motoren, aber wo Rennwagen fahren können, kann natürlich auch gut gelaufen oder andernfalls auch geheult werden, und vor allem die erste dieser beiden Möglichkeiten bleibt seit fünf Jahren auf einem Teil der großen asphaltierten Schleife nicht ungenutzt.

Beide Sportarten haben ja die Jagd nach Geschwindigkeit gemeinsam, jedoch sehr unterschiedliche Abgase!

Wo sonst also hunderte von PS in den Boxen warmlaufen, trippelten jetzt ungezählte menschliche Stärken frei herum. In diesem Falle sind mit »Stärken« keine jungen weiblichen Rindviecher gemeint. Über sechstausend Beine allein von den Aktiven bevölkerten das Areal, und jeder brachte noch durchschnittlich 1,9 Betreuer und Schaulustige mit, die alle einem eisigen Wind ausgesetzt waren. Es war nicht zu überfühlen, daß man in der rauhen Eifel stand, deren steifer Nordost aus dem ebenso berüchtigten Westerwald herüberwehte. Dem Veranstalter muß wohl auch nicht recht wohl gewesen sein, denn es klappte vorn und hinten nicht. Besonders vorn war das sehr gravierend, wo nämlich die Spitze des Teilnehmerfeldes bereits lief, was das Zeug hielt, während die Mitte partienweise noch schwatzend auf der Stelle trat und auf den Startschuß wartete. Und da diese Strecke viele Kurven und Höhendifferenzen hat, konnten bzw. mußten die Benachteiligten diesen Alptraum eines Läufers auch noch selbst mit ansehen! Ein besonders namhafter Langstreckler und ehemaliger Ausrichter dieses Rennens war gar noch am Mikrofon im Turm, als die ersten bereits lostrabten. Als er sich selbst nicht kommen sah — »Ja, wo laufe ich denn?« — hat er dann wohl schnell die ganz schnellen Beine in die Hand genommen. Daß er bei diesem Start noch als Achtundsechzigster durchs Ziel laufen konnte, hat mich lange beschäftigt, aber die in diesem Falle doppelt gerechtfertigte Bezeichnung »Spitzen-Läufer« kommt wohl nicht von ungefähr.

Auf mich warteten jedoch an diesem Tage noch andere Aufgaben. Mein Läufer hatte beschlossen, es mit dieser Anstrengung noch nicht bewenden zu lassen. Also chauffierte ich ihn nach Poltersdorf an der Mosel, wo er einem Winzer seine Hilfe bei der Weinlese zugesagt hatte. Der Lohn für seinen noch unbewiesenen Fleiß fuhr dann mit mir im Auto nach Hause, während der Winzer sicher gespannt war, was ein Läufer im Weinberg wert ist. Nach Ablauf einer Woche waren dann alle recht zufrieden: der Winzer mit dem Helfer, der Helfer mit seiner Leistung und ich mit dem Wein, bei dem wir fröhliches Wiedersehen feierten. Solch ein Tropfen — welch quantitative Tiefstapelei! — schmeckt natürlich ganz anders, wenn man dort, wo er gewachsen ist, schon einmal beinah mit der vollen Kiepe in den großen Traubencontainer gefallen wäre! Das Bild eines Marienkäfers in einer Tasse drängt sich auf ...

Vor zu reichlichem Traubengenuß im Weinberg wird man an der Mosel sozusagen automatisch gewarnt, denn jeder Fremde fragt natürlich innerhalb der ersten Stunden, wie der Wein aus Kröv zu seinem eigenartigen Namen kam. Nach der Auskunft, daß diese Trauben, roh verzehrt, stark abführen, weiß ein höflicher Mensch dann schon alles.

Waren mir bislang, zum Glück nur bei anderen Läufern, oft arg zerschundene Füße aufgefallen, so sah der Meinige nun an seinen Händen derartig aus. Man stelle sich eine Art Rosenschere in klammen Fingern vor, die die tau- oder regennassen Blätter beiseite schieben müssen, um den zähen Traubenstielen zu Leibe rücken zu können.

Aber fast ebenso häufig wie die Strapazen wurde auch des Winzers Töchterlein erwähnt. So läßt sich ohne großen Umweg auch dem Nürburgring-Lauf noch etwas Herziges abgewinnen ...

Verbales und Gemischtes

Man mag dem Läufer mit gemischten Gefühlen begegnen, aber eines muß man ihm lassen: die Verben stehen, gehen und laufen kommen in seinem Sprachgebrauch in ihrer reinsten Form vor. Das ist außerhalb des Sports nicht immer so.

Denken Sie nur an die verschiedenen Bedeutungen der Worte einlaufen und auslaufen, Auflauf und Einlauf. Oder wenn man z. B. gefragt wird, wann man laufen lernte. Dieser Frager meint im allgemeinen den Zeitpunkt, an dem man gerade alleine stehen, nicht gerade, aber alleine gehen und ganz sicher noch nicht im Sinne dieses Buches laufen konnte. In dieser Wachstumsphase fragen dann Erwachsene mit einem Blick auf den Winzling: »Na, wie geht es mit dem Laufen?« oder auch: »Wie steht es mit dem Gehen?«, evtl. sogar: »Wie geht es mit dem Stehen?«

Aber diese drei Fragen haben wenigstens teilweise etwas mit den Beinen zu tun. Perfekt wird die Verwirrung erst, wenn man von Männern, bei denen schon viel gelaufen ist, sagt, sie seien gestanden! Und wenn sie dieses lange genug waren, heißen sie gesetzt. Es gibt Fälle, da mußte jemand sitzen, nur weil er vorher gestanden hatte, womit wir bei den Verben fangen, finden und suchen wären und somit mitten im Thema Laufen, das im fortgeschrittenen Stadium oft als Sucht bezeichnet wird. Aber was heißt das eigentlich: Laufsucht? Nicht jeder, der etwas sucht, findet etwas, oder umgekehrt. Was finden wir beispielsweise nicht alles gut, schön oder schwer, ohne überhaupt gesucht zu haben. Und nicht jeder, der etwas findet, was ihn glücklich macht, hat nun eine Sucht, also auch keine Laufsucht. Das versuchen nur jene, die noch suchen und versuchen, für sich selbst ein Hobby zu finden, dem Läufer in den Mund zu legen.

Sehen Sie mich an! Wenn Sie diese Zeilen gedruckt lesen, habe ich z. B. einen Verleger gefunden. Dagegen bin ich jetzt, wo ich versuche, diese Gedanken erst einmal zu Papier zu bringen, um einen Verleger sehr verlegen und würde am liebsten diese Zeilen noch einmal verlegen, um sie erst wieder zu finden, wenn ich einen Verleger gefunden habe.

Sie werden es kaum glauben, aber jetzt bin ich richtig verlegen.

Man ist, was man ißt

Es gibt so viele, so hervorragende Bücher über gesunde Ernährung, daß mir an dieser Stelle eigentlich der Stift aus der Hand fallen müßte. Aber vielleicht interessiert Sie der Speiseplan speziell dieses Läufers, über den es bisher noch keine Niederschrift gibt.

Wenn sich andere Menschen zu ihren weißen Brötchen an den Frühstückstisch setzen, setzt sich mein Mann erst einmal in Trab. Nach dem Warmlaufen auf weichem Waldboden stehen gymnastische Übungen auf dem Programm, bevor ein Trainingslauf von unterschiedlicher Länge beginnt, der wiederum mit Gymnastik endet. Neuerdings schließen sich auch Streckübungen an, neudeutsch: Stretching. Das ist sozusagen die Overtüre des Tages, damit der Körper gleich weiß, was läuft. Kein Wunder, daß nach solch einem Auftakt selbst die am Vorabend geschroteten und unter stilles Wasser gesetzten Körner munden. Diese sechs Getreidesorten sind im Reformhaus als fertige Mischung erhältlich.

Was daran ein bißchen nach Scheune schmeckt, wird mit Rosinen, gemahlenen Nüssen, Leinsamen und geschnittenem Obst der Saison überdeckt und mit Honig versüßt. Heiße Milch macht aus dem Ganzen dann eine warme, runde Mahlzeit, die für bemerkenswert lange Zeit sättigt. Für mich ist das allerdings nur bedingt zutreffend. Wenn ich zum Beispiel an meinen Einkaufstagen bestimmten, appetitanregenden Düften ausgesetzt bin, ist mein Magen vor der Metzgerei mit dem köstlichen Jägermett und den frischen Brötchen schlagartig leer, und für die nächste halbe Stunde ist mir auch der gesündeste Rat schnuppe.

Während sich der Läufer höchstens einen Apfel oder eine rohe Möhre als Zwischenmahlzeit genehmigt — Sie sehen, eines ißt er besonders gern und viel, nämlich *wenig* — komme ich an beiden oben genannten Versuchungen nicht vorbei. Aber diese verabscheuungswürdigen Bestandteile meines zweiten Frühstücks machen mich nicht nur satt und glücklich, sondern auch fähig, das Mittagessen wieder sehr gesundheitsbewußt zu kochen.

So positiv kann ein schlechtes Gewissen sein!

Zur Hauptmahlzeit ist generell zu sagen: Keine Suppen als Vorspeise, keine Nachspeise außer frischem Obst. Selten gebundene Soßen, wenig Fett und viel Abwechslung. Möglichst viele Lebensmittel, die noch *Lebens*mittel und nicht bloß Nahrungsmittel sind, d.h. Reis in unpoliertem Zustand, Teigwaren aus Vollkornmehl, Konserven so gut wie nie. Süßes Backwerk nur an hohen Feiertagen oder wenn deren Ablehnung grob gegen die guten Sitten oder die Gemütlichkeit verstößt. Auch hier gilt für den Sportler: im Vergleich zu normalen Menschen ißt er nicht nur mehr oder weniger nichts, sondern auch dies noch mehr weniger.

Möchte man Kaffeebesuch imponieren, serviert man hauseigenes Früchtebrot und dazu Milch. Diese Gäste sollte man allerdings gut kennen, weil sonst die Gefahr besteht, daß sie nie wiederkommen. Unter Freunden dagegen darf man diese etwas abartige Nachmittagsbewirtung ruhig einmal mit den Worten: »Seid froh, daß Ihr hier nicht frühstücken müßt!« kommentieren.

Andererseits gibt es Besuch, der am Tisch eines so erfolgreichen Läufers geradezu auf eine Apartheit wartet. Als ich das noch nicht begriffen hatte, erntete ich einmal ein mildes und verzeihendes Lächeln bei meinen normalen Vorbereitungen, obwohl doch ausschließlich Läufer eingeladen waren, die angeblich »so etwas« nicht essen bzw. trinken. Aber auch Läufer können anscheinend allem widerstehen, nur der Versuchung nicht. Als sie uns verließen, war nicht nur alles gern, sondern auch restlos verzehrt worden. Aber inzwischen haben bei uns radikale Veränderungen stattgefunden. Für Pizza- oder Zwiebelkuchenteig praktiziere ich etwas, was man sonst nicht tut oder mindestens nicht gern zugibt: ich habe den Typ gewechselt. Niedere Typen sind bekanntlich verpönt, begehrenswert dagegen ist Hochdotiertes. Daß 1700 besser ist als 405, liegt auf der Hand; daß brünett bekömmlicher ist als blond, erfordert einige Erfahrung. Sie merken, ich spreche vom Mehl.

Sie werden erstaunt sein, was Ihnen die Verkäuferin des Reformhauses in dieser Richtung alles erzählen und anbieten kann. Wenn Sie dann auch nur einen Bruchteil dieser Kenntnisse mit auf den Eßtisch bringen, glaubt jeder an ein gutes Schicksal aus Ihrer Küche und langt tüchtig zu. Mit dem gleichen Erfolg darf man rechnen, wenn man je nach Personenzahl das kauft, was ein guter Gemüseladen an Roh-köstlichkeiten hergibt. Diese bereite ich mundgerecht zu, lasse sie aber sonst unverarbeitet. Alufolie sorgt an einem kühlen Ort für unverminderte Frische, bis das Gemüse auf den Tisch kommt, zusammen mit einer großen Sauciere voll pikanter Mayonnaise.

Ich weiß, ein schlimmes Wort in Sportlerohren, aber ich bereite sie selbst zu und achte peinlich genau auf die richtigen Zutaten:

Eigelb, ein paar Tropfen Essig, Distel- oder Sonnenblumenöl und viele verschiedene Gewürze. Alles Dinge, die erlaubt sind, und wenn alle Ingredienzien Zimmertemperatur haben, brauchen Sie nicht einmal Ihren Elektroquirl zu bemühen, um eine vorschriftsmäßige Konsistenz zu erreichen. Ein hartgekochtes Ei, eine kleine Zwiebel und Petersilie, alles kleingehackt, sind notfalls gute Stützen.

Und nun haben Sie als Hausfrau ein paar aufschlußreiche Minuten. Wer von Ihren laufenden Gästen nur eine winzige Portion auf dem Teller hat, ist in naher Zukunft wettkampfverdächtig. Halten sich dabei Rohes und Mayonnaise die Waage, dürfte die Distanz unter vierzig Kilometern liegen; bei viel Gemüse und kaum Soße tippe ich auf Marathon und bei nacktem Grünzeug muß man auf hundert Kilometer gefaßt sein.

Soweit das Pflanzliche. Die außerdem angebotenen Wurst- und Käseplatten bleiben erfahrungsgemäß unangerührt, nie jedoch der bunte Brotkorb.

Zum Brot muß noch gesagt werden, daß es grundsätzlich in einer Bäckerei gekauft wird, die täglich das Korn frisch mahlt und mit eigenem Brunnenwasser verbäckt. Selbstredend ohne alle Zusatzstoffe. Die Zahl der angebotenen Sorten ist sehr groß und die Qualitätseinbuße durch Einfrieren angeblich gering. Über Geschmack läßt sich bekanntlich streiten, aber wir finden ihn so wunderbar, daß man beinah auf jeglichen Belag verzichten kann.

Man sollte halt schon darauf achten, wo man essen läßt ...

Was ist denn Triathlon?

Es soll Frauen geben, die ihren Freund im Kleiderschrank verstecken (und Fabrikanten, die diese Möbelstücke mit einer Innenbeleuchtung ausstatten!)

Also mein zuverlässigster Freund steht ebenfalls in einem Schrank, nämlich dem *Bücher*schrank, und auf seinen zwanzig Rücken steht von A bis Z sein Name: BROCKHAUS. Er hat mich schon so manches Mal aus den dunklen Gängen der Unwissenheit in die lichten Hallen des Informiertseins geführt, aber nach »Triathlon« befragt, ließ er mich schnöde im Stich.

Nun genügen für den Begriff als solchen ja bereits beiläufig eingeatmete Griechischkenntnisse, aber welche drei Sportarten waren hier gemeint und vor allem: welche Distanzen? Es half also nichts, ich mußte bei »Läufers Erzählungen« einmal richtig zuhören — und traute meinen Ohren nicht!

Wenn es dem Esel zu wohl ist, geht er bekanntlich aufs Eis. Wer nach 25, 42 und 100 km langen Laufstrecken den ausgetrockneten Hals noch immer nicht voll hat, der kommt wohl gleichfalls auf die merkwürdigsten Ideen. Und wenn dem nüchternen Verstand nichts mehr einfallen will, dann wird halt etwas nachgeholfen. Es gibt also doch Bier auf Hawaii! Wenn dann die oder das Maß los ist, wird es leicht etwas maßlos: 3,8 Kilometer im Brandungsbereich des offenen Meeres schwimmen und anschließend ohne Erholungspause 180 km radfahren, das müßte doch schon ganz schön mörderisch sein, dachte sich die gesellige Runde bei der Suche nach einer neuen Attraktion für den Läuferzirkus. Da es aber einen Biathlon schon gibt und ohne Laufen natürlich nichts läuft, hängte man als Endspurt einen ausgewachsenen Marathon mit seinen 42,195 km dran. Diese Anforderungen müßten nach menschlichem Ermessen auch dem stärksten Athleten die Beine knicken — meinen Sie und ich, nicht aber diese geistigen Väter des Triathlon, die dann das Ganze auch in die Tat umsetzten. Teilnehmer: 15 Mann.

Aber siehe da, die Absolventen dieser Endlosstrapaze hatten gar keine Knochen in den Knochen, sondern Eisen, und statt Nerven Drahtseile. Sie werden als »iron-men« in die Annalen des Sports eingehen.

Nun niesen wir Deutschen ja erfahrungsgemäß besonders gern, wenn wir uns den Schnupfen in Amerika geholt haben, aber in diesem Falle wurde doch eine Art Triathlon-Verschnitt nach Europa exportiert. Feste Bestimmungen schien es nicht zu geben und so strickte jeder Veranstalter fröhlich seine eigenen Distanzen. Ich spreche im Konjunktiv, weil ich natürlich nicht weiß, was sich im einzelnen abgespielt hat. Jedenfalls differierte das, was ich bisher an Ausschreibungen sah, in den Streckenmaßen erheblich. Aber ich wollte hier sowieso keine ernsthafte Berichterstattung üben, sondern das Ganze sozusagen nach Hausfrauenart kommentieren.

Bei uns begann das Abenteuer Triathlon damit, daß mein Mann ziemlich plötzlich unser Fahrrad entdeckte, bislang eigentlich nur von unserer Tochter gelegentlich für den Schulweg benutzt. Seine Frage an mich: »Darf ich mal mit *deinem* Rad fahren?« war daher aufschlußreich. Bei mir klingelte es jedenfalls sofort.

Natürlich war dieses Gefährt viel zu normal, die Rennräder im Fachgeschäft aber zu teuer. Also wurden die Anzeigen in der Zeitung studiert bzw. eine eigene Annonce eingesetzt. Da nun aber das Lauftraining nicht vernachlässigt werden durfte, sah die Praxis dann so aus, daß der große Meister durchs Gelände trabte und ich das Telefon hütete; er bekanntlich »lang, leicht, lieb, locker und luftig« (Mantra) — ich nur lang(e). Das mir vorgegebene Fragenraster an die verkaufswilligen Vorbesitzer war so ausgefeilt, daß die meisten Anbieter nach kurzer Zeit überfragt waren. Wer alles beantworten konnte, war mit ziemlicher Sicherheit dann doch ein Händler.

Daß sich jemand, der ein Rennrad kaufen will, aufführt, als suche er einen lupenreinen Brillanten mit einem besonderen Schliff, das wird wohl allgemein bekannt sein. Aber der Erfolg rechtfertigte nachträglich alle Verrenkungen, denn nach einer Woche war unser Hausstand um ein zwar gebrauchtes, aber durchaus brauchbares Rennrad reicher. Daß es nach der ersten, stürmisch-liebevollen Generalreinigung nicht neben dem Bett landete, versöhnte mich mit dem Schmutz in der Küche. Daß es später gegen ein buchstäblich maßgeschneidertes Exemplar ausgetauscht wurde, fand ich fast herzlos. Aber als in Koblenz die tollsten Rennräder auf den Autodächern der Aktiven zu bewundern waren, gab es für den Zweitplacierten in M 55 kein Halten mehr: eine Maßanfertigung mußte her.

Von der übrigen Rennrad-Montur will ich nur zwei unerläßliche Teile erwähnen: die gepolsterten Handschuhe und die Hose mit kostbarem Hirschleder-Einsatz für den strapaziertesten Körperteil, blank auf blank zu tragen.

Als Kopfschutz gibt es eine Art Maulkorb, zugegebenermaßen eine recht kleidsame Kopfbedeckung, die einem Schädel einen edlen touch verleiht, falls die Natur etwas rund gearbeitet hat. Aber haben Sie Ihren Mann schon einmal mit einer Schwimmerbrille gesehen? Da hat man ganz schön Mühe, zu rekonstruieren, wo man seine Augen bei der Wahl des Gatten hatte.

Wenn man Glück und viele Freunde hat, bekommt man all diese Gegenstände geliehen. Für meinen Mann gab es zusätzlich theoretische Hilfe: Ein Patenkind schöpfte aus dem reichen Born seiner jugendlichen Schwimmerjahre und gab dem Newcomer einige Tips. Im Freibad sah das dann so aus, daß unsere Tochter von Freundinnen auf etwas aufmerksam gemacht wurde, was sich reichlich eigenartig im Wasser fortbewegte. Die ungeheure Vielfalt der Badehosenmuster ließ keinen Zweifel zu: »Das ist mein Vater!«

Aber für Ausgleich schien gesorgt, denn es wurde mit verzücktem Gesicht von »bildschönen Schuhen« gesprochen, die man gesehen habe. Lag es vielleicht daran, daß ich gerade ein Buch von André Gide las, der seinem Lafcadio eine Lektion über Eleganz, die bei den Schuhen beginnt und endet, angedeihen läßt? Jedenfalls ließ der Schmelz des Tonfalles auf einen perfekt gekleideten Mann nach diesem Schuhkauf hoffen. Während ich im Geiste bereits meinen eigenen Kleiderschrank durchblätterte, um neben solch einer eleganten Erscheinung bestehen zu können, fragte ich kurz nach der Sohle, als tanzfreudiger Mensch auf Leder hoffend. Ha! »Eine Stahlplatte natürlich«, war die Antwort.

Natürlich!

Triathlon an der Mosel

Das maßgeschneiderte Rennrad

Siegerehrung am Deutschen Eck

Inzwischen liegen nun schon zwei Triathlonveranstaltungen hinter uns. Ich muß im Plural sprechen, weil man bei dieser Disziplin auch als Betreuer einiges zu tun hat, z. B. beim Kleiderwechsel: Badehose runter, Fahrrad rauf, und so weiter. Alles muß sekundiös sitzen. Zum Glück ist man für anatomische Studien zu beschäftigt, denn zwangsläufig trägt jeder Triathlet zwischen zwei Kostümierungen nur Haut. Wer g'schamig ist, sollte sich nicht für diese Sportart entscheiden, denn Feigenblattallüren würden kostbare Minuten in Anspruch nehmen und den Erstklassigen möglicherweise um eine Placierung bringen.

Vom ersten Triathlon-Wettbewerb in Arolsen war bei meinem Mann, neben der Erinnerung an eine Strapaze und einen Durst von bisher nie erlebten Dimensionen, ein abstruses Paar Handschuhe übriggeblieben. Die Bezeichnung »Paar« ist eigentlich gar nicht mehr zutreffend, denn trotz gleichen Aussehens sind beide für eine rechte Hand zugeschnitten. Wenn so viele Wettkampfgefährten auf der gleichen Wiese in so großer Eile ihren Dress wechseln, kann das schon passieren.

Doch es gibt Schlimmeres. Stellen Sie sich vor, mein Mann hätte, nachdem er sich den Kopfschutz in größter Hektik von der Rübe gerissen hatte, ohne vorher den Kinnriemen zu lösen, gebrüllt: »Wo ist mein Ohr?« Oder wir hätten jetzt davon zwei rechte ...

Als Begleitperson hat man ja gerade beim Triathlon viel freie Zeit, trifft aber glücklicherweise auch immer nette und interessante Leute. Zwar kann man bei dieser Sportart auch selbst zwischendurch ins Wasser springen, besonders wenn es so brütend heiß ist wie in Arolsen, aber das eine schließt ja das andere nicht aus. So war es nach dem Bad im Twistesee ein ausgesprochen gut aussehender junger Mann, mit dem ich in ein lebhaftes Gespräch kam. Alles, was ich ihm über meinen Mann erzählt hatte, fanden wir später in einer Zeitung wieder!

Aber manchmal steht man auch mit den abgelegten, verschwitzten Sachen ganz alleine da, und in solch einem Moment fragt man sich fast automatisch, was wohl als nächstes auf den Markt der sportlichen Eitelkeit kommen könnte.

Wie wäre es zum Beispiel mit einem *Quadrathlon* mit den Disziplinen Schwimmen, Radfahren, Laufen und Schießen?? Alles ständig im Quadrat, versteht sich, wie der Name sagt.

Der Fahrrad-Kauf

Eigentlich beginnt ja ein Kauf, sieht man einmal von Milch, Butter und Käse etc. ab, mit einem Augen-blick. Bei mir fängt jedenfalls solch ein Kaufrausch oft damit an, daß ich etwas Schönes gesehen habe, was mir dann eine unruhige Nacht oder Träume am Tage oder beides beschert. Zu diesem Zeitpunkt weiß ich noch nicht, daß ich 24 Stunden nach dem Kauf häufig denke, ich hätte eigentlich auch ohne dieses neue Stück prima weiterleben können. Aber im anfallartigen Zustand ist dies manchmal nicht erkennbar und man macht sich eiligen Schrittes auf den Weg, um das Objekt näher zu betrachten.

Meistens ist es mit einem Schild ausgestattet, auf dem der Preis steht. Dieses Schild ist nicht selten im ureigensten Sinne auch ein Schutzschild, denn es schützt vor dem Kauf durch die Höhe des Preises.

Gelegentlich konnte ich den Gegenstand meiner Träume aber auch überziehen, was ebenfalls sehr hilfreich sein kann. Ist nämlich der eigene Körper nicht so gewachsen, wie es dem Modeschöpfer vorgeschwebt hat, ist man schnell kuriert. Anprobieren ist eben eine feine Sache und sollte auch im Vorfeld anderer Käufe erlaubt sein. Natürlich kann man bei Polstermöbeln probesitzen, und wenn diese in einem Blechgehäuse stehen, sogar probefahren, aber haben Sie schon einmal etwas von probelieben gehört?! Und das, obwohl es keine Versicherung gegen Ehebruch gibt.

Aber allmählich muß ich wohl zum Thema Fahrrad zurückkommen und zu den Menschen, die beschlossen haben, ihrem Körper auch noch das Wechselbad der Strapazen anzutun, nämlich Triathlon. Die Ausrüstung für das Schwimmen und Laufen hat man ja relativ schnell ausgesucht und leicht bezahlt, aber das Fahrrad ...!

Wenn ich Ihnen sage, daß das Gefährt, das für den Triathlon empfehlenswert ist, von seinen Benutzern liebevoll und treffend »Rennziege« genannt wird, kommen Sie sicher selbst darauf, daß es mit einem normalen Drahtesel kaum noch verwandt und nicht einmal kreuzbar ist! Rein theoretisch ist es denkbar, daß solch eine Hippe beleidigt zusammenbricht, wenn ihr Herrchen sein Gewicht drastisch erhöht hat. Kein Zweifel, dieses ist kein Fahrrad (sächlich), sondern verdient den Artikel »die«. Um sich nun mit »ihren« Einzelteilen vertraut zu machen, studiert das Herrchen inbrünstig telefonbuchdicke Kataloge. Wenn er diese auswendig kann, greift er zu Autoschlüssel und Scheckheft und zischt in das nächste Spezialgeschäft, das meistens einige Autostunden vom heimischen Herd entfernt seine Niederlassung hat. Selbstredend kann er jetzt, wo es um die Zusammenstellung einer neuen Gefährtin geht, die alte als Begleitung nicht gebrauchen.

Ich muß also aus einzelnen Bemerkungen rekonstruieren, was sich dort im Geschäft abgespielt hat und möchte zum besseren Verständnis nochmals auf den Kleiderkauf zurückkommen.

Stellen Sie sich vor, eine Dame betritt das erste Haus am Platze und sagt, sie wünsche ein Kleid nach ihren ganz persönlichen Vorstellungen. Sie wöge soundso viel Kilo und ihre Beine hätten vom Schritt abwärts eine Länge von soundso viel Zentimeter. Man bittet sie daraufhin, sich in den Räumlichkeiten umzusehen, und sie dreht sich nun stundenlang zwischen den vollen Regalen und Kleiderständern herum, befühlt manche Stoffe, und einige tritt sie sogar. Dann läßt sie sich die Direktrice kommen und sagt, man möge ihr ein Kleid anfertigen. Und zwar solle das Oberteil von Dior sein, der Rock von Jil Sander und der Kragen von Fiorucci. Ja, und die Nähseide bitte nur erstklassige Baumwolle aus ägyptischen Anbaugebieten, Südhanglage!

Sie werden es nicht glauben: der Kompositeur des Fahrradgeschäftes hat das alles kapiert und ohne Wutanfall ausgeführt!

Als dann das Prachtstück mit dem Auto abgeholt werden sollte, durfte ich sogar mitfahren. Ich habe mir die Strecke genau gemerkt, falls der große Meister die Rückfahrt auf zwei Rädern bevorzugen würde. Im Falle einer lockeren Schraube ist ein nachfahrendes Auto ja auch nicht zu verachten. Aber nichts dergleichen. Die mit 6 atü aufgepumpten Reifen — Sie haben richtig gelesen: dreimal soviel wie in einem Autoreifen! — hatten noch zwei Stunden Schonfrist, bis sie zu Hause ab Kofferraum zum Flughafen rollen durften, zwecks Gewichtskontrolle. Eine Waage, die mehrteiliges Fluggepäck aufnehmen kann, ist nämlich auch groß und genau genug für ein Fahrrad.

In den nächsten Tagen war ich dann drauf und dran, allen Freunden und Verwandten Mitteilung von diesem neuen Familienmitglied zu machen. Der Entwurf dazu lautete:

Hurra — wir sind jetzt zu viert!

Unser Papi hat ein

RENNRAD

bekommen.

Gewicht: sagenhaft gering = 9,33333 kg
(ohne Aufkleber und Ventilnippel)

Größe: ideell unbeschreiblich

Besondere
Merkmale: bekommt Fläschchen;
freut sich aber auch, wenn es getreten wird.

Mit dem stolzen Besitzer freuen sich *nicht*:
die Ehefrau, da noch häufiger alleingelassen
die Tochter, da von dem neuen Tick ziemlich übergerascht

Gratulationen bitte an das Geburtshaus (Firmenname aus »Blume mit vier Buchstaben« in Bocholt), da frischgebackener Käufer noch ständig im Gelände.

PS Es wird gebeten, von Besichtigungsbesuchen Abstand zu nehmen. Wer unbedingt einen Blick auf dieses Prachtexemplar werfen möchte, benötigt nur etwas Geduld, denn der große Meister fährt ganz bestimmt einmal auch an seiner Haustür vorbei.

Was man beim Laufen alles gewinnen kann

Das mag sich auf den ersten Blick bzw. auf dem ersten Ohr ziemlich materialistisch anhören, aber ich denke, es ist doch einer Betrachtung wert. Hierbei werden nicht nur Dinge herauskommen, die man anfassen oder sogar zählen kann, obwohl es auch dieses neuerdings bei namhaften Läufen geben soll. Nach offizieller Lesart müßte man wohl sagen, daß mein Mann für diese Preisgelder nicht gut genug ist. Ich empfinde es eher so, daß er für Geld zu gut ist, denn was er leistet, ist in meinen Augen buchstäblich unbezahlbar. Und für die allerersten Plätze wurde er eben zu früh geboren.

Jetzt kommt eine Art Zwischenstufe der Gewinne, deren Gegenpol bekanntlich die Verluste sind. Also beim Laufen können Sie einfach die Vorzeichen umkehren, denn wenn Sie z. B. bei dieser Sportart eventuell vorhandene überflüssige Pfunde verlieren, so ist das in diesem Falle einwandfrei ein Gewinn. Nicht so einfach ist hier die Frage des Anfassens, aber ich will es trotzdem versuchen. Wenn Ihr Mann die Pfunde, die Sie nicht verlieren, weil Sie nicht laufen, berührt, nennt man das streicheln. Aber wenn es sehr viel zu streicheln gibt, ist schon so manche Männerhand lahm geworden. Also ist doch der Verlust der Pfunde ein Gewinn!

Nun sind wir aber endgültig bei den Pluspunkten, die man nicht anfassen kann, und das sind die besonders kostbaren. So kann man nämlich beim Laufen durch die ungestörte Bewegung an der frischen Luft z. B. wertvolle Erkenntnisse oder auch nur Abstand gewinnen, Abstand von den täglichen kleinen Scheußlichkeiten, die mit schönster Regelmäßigkeit auftreten. Bitte sagen Sie nicht, Sie wüßten nichts mit Abstand anzufangen. Fragen Sie mal einen Autofahrer, was nur wenige Zentimeter Abstand im Straßenverkehr wert sein können. Oder fragen Sie besser einen Läufer, den nur wenige Minuten oder sogar Sekunden von den Erstplacierten trennen. Geht es bei ersterem meistens um Blech, so könnte beim Läufer Gold oder Silber auf dem Spiele stehen. Wenn es auch nicht immer gleich um eine echte Olympia-Medaille geht, so kann doch sehr schnell die Frage »Pokal oder nicht Pokal« auftreten.

Aber bevor ich zu diesen mehr oder weniger formschönen Gratifikationsteilen komme, noch schnell die letzte Strophe vom Lobgesang aufs Laufen.

Es gibt bekanntlich nur zwei Arten von Problemen: die einen muß man, da sie unabänderlich sind, einfach nur akzeptieren, die anderen aber sollte man so beherzt wie möglich einer Behandlung unterziehen. Die dritte Schwierigkeit besteht dann darin, die eine Sorte von der anderen zweifelsfrei unterscheiden zu können.

Selbst wenn Sie, liebe Leserin, wie ich nicht laufen, sondern nur flott gehen, werden Sie mit Wonne feststellen, daß Sie nach einem einstündigen Marsch exakt wissen, in welche der beiden Kisten Ihr Problem gehört. Falls es sich nicht überhaupt unterwegs aufgelöst hat! »Zerlaufen« sollte man bei diesem Sachverhalt wohl besser sagen, denn mit großer Wahrscheinlichkeit sind Ihre sorgenvollen Gedanken bei Ihrer Rückkehr aus dem Gelände zumindest flüssiger und abgeklärter geworden.

Und nun zu den Siegestrophäen aus Metall, die gelegentlich so aussehen, als könnte man die geflammten Überreste eines Ahnen darin bestatten. Mein Mann hat da so seine eigenen Prinzipien und Vorstellungen und gießt grundsätzlich in jedes neue Gefäß dieser Art erst einmal eine halbe Flasche Sekt. Einmal wurde diese Selbstbelohnung unbeabsichtigt teuer, denn der Sekt war rot und der Kelch hatte eine lockere Schraube, die bei der Siegerehrung etwas von schnellem Laufen gehört hatte. Ziel war mein weißes Kleid!

Aber man darf von den Veranstaltern von Laufwettbewerben auch nicht zuviel verlangen. Wo kämen diese beispielsweise hin, würden sie sich auch noch für die Unbeflecktheit der Partnerinnen ihrer sportlichen Teilnehmer verantwortlich fühlen? Da lägen dann schon andere Dinge näher. So findet z. B. mancher Gewinner eines Tellers beim Auswickeln seines Preises gleich den passenden Nagel — nie jedoch eine Wand! Sinnvoll wäre auch nach ca. einem Dutzend Pokalen die Verleihung einer neuen Möglichkeit, diese dekorativ aufzustellen, aber natürlich sähe es nicht sehr hübsch aus, verließe jemand das Terrain des edlen Wettstreites mit einem Möbelpaket unter dem Arm. Also bleiben wir doch lieber bei den Kleinigkeiten aus Edelmetall.

Form und Material dieser Pokale, die noch nach Generationen verhindern, daß die sportlichen Erfolge eines Vorfahren in Vergessenheit geraten, werden diktiert vom Umfang der Vereinskasse des Wettkampfveranstalters oder Sponsors. So sah ich neulich einen Tisch voller Goldglanz, edel geformt und fein säuberlich nach groß, mittelgroß und klein sortiert. Wie ein römisches Amphitheater standen sie da, hinten hoch und vorne niedrig. Erst bei genauer Betrachtung sah man, daß alle Kelche die gleiche Form und Größe hatten und der kleine Unterschied nur in der Höhe der marmornen Sockel bestand. Das war so schlicht und logisch, daß es einfach zu einem Gleichnis werden mußte:

Man sollte versuchen, überall unterscheiden zu lernen zwischen dem, was wirklich golden ist und dem, was nur als Sockel dient.

Jubiläumslauf in Trier

Die älteste Stadt Deutschlands hatte zur Feier ihres 2000jährigen Bestehens zu 2000 Dekametern eingeladen, das sind zwanzig Kilometer. Man hatte auf 2000 Teilnehmer gehofft, aber es wurden sogar noch 20 % mehr. Gegen eine Startgebühr von 2000 Pfennigen gab es für jeden Läufer ein T-Shirt und eine Medaille mit dem Münzporträt des Stadtgründers Augustus. Zum Glück war der Start nicht für 20.00 vorgesehen, sondern·morgens um 9 Uhr angesetzt.

Mein Mann feierte übrigens sein eigenes kleines Jubiläum an diesem 24. Juni 1984, denn es war sein 75. Laufwettbewerb.

Unser Wecker sollte wegen der Anreise aus Düsseldorf am gleichen Tag kurz vor vier Uhr in Aktion treten. Ich weiß nicht, ob Sie diese neue Nachttischelektronik kennen, deren Zifferblatt eine verdammte Ähnlichkeit mit einem Preisschild hat. Wahrscheinlich sind die Ziffern trotz automatischer Abdunkelung so hell, damit auch ein etwas entfernt Schlafender sie sehen kann und nicht die Auskunft bekommt, es wäre »dreifünfzig« (Digitalanzeige), für einen Groschen noch einmal die Augen zumacht — und dann möglicherweise verpennt.

Bei Autofahrten vor dem Aufstehen ist die Piste ja meistens noch ziemlich frei und so fuhren wir bereits um halb acht auf den Parkplatz in der Nähe des Amphitheaters in Trier.

Falls auch Sie, liebe Leserin, Ihren Mann laufend chauffieren, haben Sie eventuell die gleichen Er-Fahrungen gemacht wie ich: Kaum hat man den Motor abgestellt, springt der Aktive aus dem Auto, um zu sehen, wer außer ihm gekommen ist. Wie die lieben Kleinen, wenn man sie zu Kindergeburtstagen fährt.

Aber ich hatte es ohne ihn auch nicht langweilig. Da die Fahrzeuge dicht bei dicht parkten, hatte man sozusagen beinah Tuchfühlung mit seinen Parknachbarn. Linkerhand waren das zwei gemütliche Bayern, die sich bei offener Seitentür in ihrem Wohnmobil umzogen; rechterhand gab sich einer seine letzte Startölung. Da ich weder mit der einen noch mit der anderen Tätigkeit aufwarten konnte, demonstrierte ich nach links, wie man mit Lippenstift und Rouge umgeht, und nach rechts pustete ich einmal kräftig aus der Eau de Toilette-Flasche. Beide Geruchskomponenten ergaben nach Vereinigung ein seltsames Gemisch.

Bereits beim Start trat dann eine Besonderheit dieses ersten Stadtlaufes für die Trierer Veranstalter zutage: die Startlinie befand sich mitten im Teilnehmerfeld! Aber für sonstige Organisation muß man den Herren schon ein Lob aussprechen.

Durch eine so schöne Stadt mit begeisterungsfähigen Einwohnern läßt sich natürlich auch gut laufen, denn außer den Schlachtenbummlern stand so manche berühmte Baulichkeit am Wege. Daß einige historische Schätze vor lauter Bier- und Weinzelten kaum noch ausfindig zu machen waren, sei nur am Rande bemerkt. Schließlich leben an der Mosel seit jeher keine Kinder von Traurigkeit.

Das Wetter war nicht gerade postkartenlike, aber Langstreckler haben es gern bedeckt und kühl. Zur Siegerehrung jedoch strahlte dann alles um die Wette, sogar die Sonne. Bei den Spitzenläufern ließ sich dieser Tatbestand zum Teil damit erklären, daß man ihnen *zwei* Pokale überreicht hatte. Mit sehr viel Glück lag man sowohl im Gesamtklassement gut als auch in der Altersklasse und hatte dann vor lauter Silber kaum noch eine Hand frei für die Siegerurkunde.

Zum Schluß möchte ich noch etwas erwähnen, was mir persönlich ganz besonders gut gefallen hat.

Also wenn wir ein Familientreffen veranstalten, ist das immer eine recht kostspielige Angelegenheit. Anders die Familie Steffny, denn dieser Name tauchte hier allerorten auf, bei Siegern, Läufern und Zuschauern sowie als Mädchen- und Geschäftsname in der Vaterstadt.

Apropos Vaterstadt: Ich fragte einmal einen Menschen nach seiner Heimat und wurde zurückgefragt, ob ich wissen wolle, wo er geboren, aufgewachsen oder zur Schule gegangen sei — oder wo er jetzt lebe. So manch einer aus unserer Kriegsgeneration kommt hier spielend auf ein halbes Dutzend Ortsnamen, was mich in Trier, dem »Rom des Nordens«, an die Völkerwanderung denken ließ. Wie schön, daß es auch Familien gibt, denen dieses Schicksal unter modernem Vorzeichen erspart geblieben ist.

Läuferlatein

Wie allgemeinverständlich ist die Sprache des Läufers oder welcher Informationsschwund kann durch mehrmalige Übermittlung einer Botschaft auftreten?

Stellen wir uns einmal vor, bei Läufers klingelt das Telefon. Frau Läufer geht dran, obwohl sie gerade im Begriffe ist, zu ihrer Mutter zu fahren. Ein Sportkamerad ihres Mannes berichtet ihr für diesen, daß er in Hattingen Marathon gelaufen sei in 3 Stunden und 5 Minuten. Das wäre der 1. Platz gewesen in seiner Altersklasse der Männer zwischen 60 und 65 Jahre und eine Zeitverbesserung um 12 Minuten im Vergleich zu seinem letzten Marathonlauf in Essen. Sieger des Gesamtklassements wäre ein 25jähriger geworden. Leider habe es geregnet und die Strecke um den Kemnader See sei ja auch immer sehr windig. Unter günstigeren Witterungsbedingungen hätte er es wahrscheinlich in noch kürzerer Zeit geschafft. Aber auch so habe er sich gefühlt wie Mark Spitz. Er habe allerdings am Vorabend auch viele Kohlenhydrate und Elektrolyte zu sich genommen und sei früh zu Bett gegangen. Mit seiner Grundschnelligkeit wäre er sehr zufrieden gewesen.

Zwei Stunden später trifft Frau Läufer bei ihrer Mutter ein. Sie beschließt, dort zu bleiben, da Omi Läufer nicht ganz auf dem Posten ist, und ruft zu Hause an. Sohn Läufer notiert für den Vater:

Ernst Gobarow Marathon in Hattingen rund Kemnader See in 3.05 gelaufen — 1. Platz in der Altersklasse M 60 — gegenüber Essen Zeit um 12 Minuten verbessert — 25jähriger Sieger des Gesamtklassements — Regen und Wind auf der Strecke — schade, sonst noch eher geschafft — trotzdem gefühlt wie Mark Spitz — sehr zufrieden mit sich und seiner Grundschnelligkeit — am Vorabend viele Kohlenhydrate und Elektrolyte zu sich genommen — früh zu Bett — gutes Tempo.

Bevor Sohn Läufer zum Handball fährt, zeigt er den Zettel seiner 8jährigen Schwester mit der Auflage, ihn dem Vater zu geben.

Nun ist Tochter Läufer ganz allein und langweilt sich. Außerdem findet sie, so lieblos könne man ihrem Papi keine Nachricht übermitteln. Sie nimmt ein großes Blatt Papier, bemalt die Ränder schön bunt und schreibt in die Mitte:

Lieber Papi! Ganz im Ernst, Gorbatschow hat ihn, den Reagan, getroffen und sie sind zusammen nach Marathon gelaufen. Dort ging es gleich rund und als sie sich beim Essen gegenüber saßen, haben beide versprochen, sich mit der Zeit zu bessern. Dann haben sie ein Bächlein gemacht und sind in 12 Minuten zurückgelaufen. Unterwegs trafen sie einen Alten, der war Klasse. Zuerst war der ziemlich rundlich, aber dann hat er sich gestreckt und war für 3 Mark 5 Spitz auf eine 25jährige, die auch Klasse war, aber in Samt; das hat er vorher gefühlt. Aber die platzte beim 1. Mal. Weil der Wind so kalt war, war nämlich M Sex null. Das war schade, denn sonst hätte er noch eine Ehe geschafft. Du sollst auch immer elektrische Kohle essen und ein gutes Tempotuch bei Dir haben, wenn Du früh zu Bett gehst, damit Du einen Grund zur Schnelligkeit hast und Frieden ist.

Silvesterlauf

Wer das Jahresende mit seiner fröhlichen Ausgelassenheit nicht abwarten kann, sollte am 31. Dezember an einem Silverstelauf teilnehmen, denn der beginnt bereits am frühen Nachmittag. Egal, ob man Aktiver ist oder nur Zuschauer, die Volksfestatmosphäre erfaßt jeden. Duftende Bratwürste und heißer Glühwein stehen helfend zur Verfügung.

Als ich zum ersten Mal von dieser Disziplin in Gänsefüßchen hörte, hatten wir bereits sieben Personen eingeladen, mit denen wir die letzten Stunden des ausklingenden Jahres verleben wollten, so daß ich nicht mitfahren konnte.

Als Hausfrau sollte man auf der Hut sein. Auch Läufer verlassen gern das traute Heim besonders früh, wenn es hier nach Arbeit riecht. So griff ich schnell nach dem Autoschlüssel und dem dazu passenden Wagen, um die Karpfen zu holen, während sich der Silvesterläufer noch gymnastisch betätigte.

Das war gut, denn kaum waren die Fische im Haus, murmelte er etwas von »noch vorher warmlaufen« und war samt Auto weg. Da ich mir ja noch gar nichts unter Silvesterlauf vorstellen konnte, verbot sich jeder Einwand. Schließlich war ich froh, daß diese Bezeichnung nicht allzu wörtlich genommen wurde.

Eine halbe Stunde vor unseren Freunden erschien dann der Hausherr wieder, einen noch sektfeuchten Pokal in der Hand, und war ausgesprochen angeheitert. Als ich ihm nach gebührender Gratulation zu verstehen gab, daß er noch nicht umgezogen sei, antwortete er schlagfertig, aber in Stimmung sei er bereits. Und das fanden dann auch unsere Gäste wichtiger als den erst später umgeworfenen Smoking. Dementsprechend lustig wurden die folgenden Stunden.

Daß mein Backofen nicht heiß wurde — in ihm hätte ich beide Karpfen zugleich garen können — nahm nur ein technisch besonders begabter Besucher zur Kenntnis. Aber gerade seine Hilfsbereitschaft ließ mich bangen: Was sollte werden, wenn bei seiner Operation auch noch die Kochplatten ihre Funktion einstellen würden? In Japan soll roher Fisch ja zu den ganz großen Delikatessen zählen, aber ob das auch ein Karpfen versteht, wenn man ihm auf deutsch sagt, man wolle ihn nur auslutschen?

Also wurde der Hilfswillige mit einer tiefgekühlten Schnapsflasche der übrigen lustigen Meute übergeben — und die Karpfen hübsch nacheinander dem bläuenden Dampfbad. Das Normalmaß dieses Fischtopfes hatte zur Folge, daß wir kurz vor Mitternacht immer noch aßen, aber gerade diese Nacht ist ja lang genug.

Als wir dann noch getanzt und geplaudert und noch einmal gegessen hatten, war es sieben Uhr früh — und der Läufer und Sieger von M 55 hatte sich doppelt und tapfer geschlagen.

In einem späteren Jahr war ich dann selbst beim 6. Ratinger Silvesterlauf als Zuschauer dabei und fand das, was ich in Abwesenheit nur hatte vermuten können, voll bestätigt.

Selbst wer bei den etwa hundert Preisen, deren Verleihung bei exaktem Vorgehen der Verlosung nach Startnummern bis ins neue Jahr hinein gedauert hätte, leer ausgegangen war, konnte um einen Kalender bitten, um nachzusehen, wann der nächste Silvesterlauf stattfindet!

Porträt eines Läufers

Georg von Schablowsky wurde am 6. März 1926 in Riga geboren.

Siebenjährig verlor er seine Mutter, 1939 seine Heimat: die im Baltikum lebenden Deutschen wurden umgesiedelt. Beide älteren Brüder waren bereits eingezogen, als der jüngste für einige Jahre im Warthegau ansässig wurde, zusammen mit dem Vater, der als Dipl.-Ing. in Riga eine Papierfabrik mit Sägewerk entworfen und geleitet hatte und jetzt bei Solvay tätig war. Sohn Georg, der das techn.-mathematische Talent des Vaters geerbt hatte, besuchte in Hohensalza weiter die Oberschule. Schon als Knabe entwickelte er eine starke Neigung zur Architektur.

Aber noch stand allen persönlichen Dingen und Plänen des Jünglings der Krieg im Wege. Statt der Schulbank drückte ihn achtzehnjährig bereits der Rekrutendrill; statt im Abitur zu sitzen, saß er in irgendwelchen Stellungen am Funkgerät. Die eingebläuten Morsezeichen sollten ihm später als Segler bei der Kennung von jedem Leuchtturm nützlich sein, aber daran dachte im Moment niemand.

1945 gab es dann nichts mehr zu verlieren. Die Brüder waren gefallen, der Vater an gebrochenem Herzen gestorben. Nun konnte man nur noch versuchen, wieder etwas zu gewinnen.

Über einen Kriegskameraden bot sich auf einem Bauernhof in Niedersachsen ein erstes Unterkommen, später nahm eine Cousine ihn auf.

Zum Glück fand sich bald die Möglichkeit, das zum späteren Ingenieurstudium vorgeschriebene Praktikum am Bau zu leisten. In dieser Reichsmarkzeit war es ja nur einem sehr begrenzten Personenkreis möglich, einen Umbau durchzuführen. Die Tatsache, daß dieser Bauherr Lebensmittelgrossist war, erklärt nicht nur diese Sachlage, sondern auch so kostbare Deputate wie Haferflocken, Reis, Mehl und Margarine. Daß auch Zucker dabei war, mag der Anhänger von Dr. Brukers Ernährungslehre heute gar nicht mehr wahrhaben. Obwohl gerade zu jener Zeit die Behauptung eine gewisse Berechtigung hatte, daß Zucker ein Energiespender sei; eine Einstufung, die heute, wo viel bessere Energiespender zur Verfügung stehen, nur noch dank der Zählebigkeit von vorgefaßten Meinungen weiterexistiert.

Jetzt gab es für den Maurer schwere körperliche Arbeit an der frischen Luft, denn einziges Transportmittel für das gesamte Material waren Schultern und Beine, egal, wie hoch der Bau auch wurde.

Diese Jahre waren nicht nur eine gute Schulung für den Körper, falls dieser gesund war, sondern auch für Disziplin und Geschicklichkeit.

Nach dem Studium und Staatsexamen stellte sich für den Architekten die Frage der Ortswahl. Düsseldorf als Sitz der großen Banken roch am auffälligsten nach Geld und aufwendigen Baustellen, was sich in den folgenden Jahren als richtig erwies.

Aber die Währungsreform blieb in ihrer Auswirkung kein einmaliges Ereignis, denn durch die 1957 gegründete eigene Familie kostete ab jetzt ebenfalls alles ein Mehrfaches.

Die nun folgenden Jahre ließen einen verantwortungsbewußten Mann fast automatisch zum Moneymaker werden, aber der Körper quittierte schließlich die sieben 10—14stündigen Arbeitstage jeder Woche mit einigen unschönen Veränderungen. Nicht nur an der Wirbelsäule, sondern auch an der Figur, woran neben Bewegungsmangel die Kochkunst der Schwiegermutter nicht ganz unschuldig war.

Beim ersten Semestertreffen nach zehn Jahren schwebte ein unausgesprochenes Wie-sieht-der-denn-jetzt-aus über dem fröhlichen Beisammensein. Waren auf den alten Fotos die Körpermaße gut, aber die Anzüge schlecht, so war es jetzt umgekehrt!

Wie wurde nun aus einem Schreibtischmenschen mit maximal 82 kg Gewicht ein auch innerlich gelockerter Sportler, der nach einem Lauf von hundert Kilometern Länge noch leichtfüßig auf die Waage steigt und sich wie ein Schneekönig über die 61 kg freut, die übrigens bisher absolutes Minimum waren. Bei einer Größe von 1,75 m.

Ich möchte eigentlich bei dieser Er-Läuterung mit der inneren Einstellung beginnen, da ohne sie wohl alles beim alten geblieben wäre.

Wenn man seine Ansprüche bei soliden Maßen stoppt, können Aufbaujahre geschafft sein, bevor man körperlich am Ende ist. Jedenfalls war es bei diesem Läufer um das fünfzigste Lebensjahr herum zum Verhungern schon zuviel. Von nun an sollte die Gesundheit vor irdischen Gütern rangieren.

Um nun das Ruder fachgerecht herumwerfen zu können, wurde der neue Lebensabschnitt mit einem Segelkurs auf Mallorca begonnen. Nach vierzehn Tagen kam mein Mann, von einer erfolgreich abgelegten Prüfung beflügelt, zurück. Ungefähr vier Kilo Körpergewicht hatte er gegen die Erkenntnis eingetauscht, daß diese Richtung weiterverfolgt werden sollte.

Wer es nun ganz genau wissen möchte: Der Gewichtsverlust war die Summe aus mäßigem Essen, harten Stunden auf dem Wasser und vielen heißen Wannenbädern. Letztere nicht zum Säubern, sondern zum Aufwärmen (April!).

Auch der heimische Küchenplan wurde nun radikal umgestellt, zumal wir leider aus Gründen höherer Gewalt auf großmütterliches Zutun verzichten mußten.

Aber in den Augen eines Arztes ist Segeln als Sportart nicht sehr effektiv. Bei einem gesunden und nur untrainierten Herzen sollte es schon ein Ausdauersport sein, wie er sich in seiner wirkungsvollsten Form eben im Langlauf anbietet. Wenn man das Glück hat, am Stadtrand und Landschaftsschutzgebiet zu leben, drängt sich diese Möglichkeit der regelmäßigen Bewegung im Gelände ja geradezu auf.

Mit sinkendem Gewicht und wachsendem Wohlbefinden verlängerten sich die Trainingsstrecken. Zu den ersten Anschaffungen gehörten natürlich spezielle Laufschuhe und andere sinnvolle Bekleidungsstücke, aber bald auch eine Armbanduhr, mit der gleichzeitig gestoppt werden konnte. Diese war auch für Pulskontrollen wichtig, nicht nur wegen der Höhe bei Beanspruchung, sondern auch zur Feststellung, in welcher Zeit die Frequenz sich wieder normalisiert. Sehr aussagefähig ist auch der Ruhepuls, morgens direkt nach dem Erwachen noch liegend gemessen.

Fundamentale Kenntnisse über die Vorgänge im Körper und ein danach dosiertes Ausdauertraining sind unerläßlich und durch nichts zu ersetzen.

Ein Jahr hat es gedauert, bis beim Vergleich von Zeit und Streckenlänge der Wunsch nach Teilnahme an einem Wettkampf auftrat. Ergebnis: 15 km in 1 Std. 3 Min. 11 Sek. Das war der

3. Platz in der Altersklasse M 50, d. h. Männer im Alter zwischen 50 und 55 Jahren. Geschehen am 1. März 1980. Vorreiter dieses Ereignisses waren die Sportabzeichen von 1978 und 1979, deren Anforderungen jeweils übererfüllt wurden.

Der nächste offizielle Lauf war dann bereits ein Halbmarathon mit 21,1 km — aber wer sich über die Wettbewerbe informieren möchte, sei an die beiliegende Leistungstabelle verwiesen, die der große Meister extra für Sie zusammengestellt hat. Hier soll von den Dingen die Rede sein, die daraus nicht ersichtlich sind, z. B. vom Training.

Kondition ist bekanntlich die Summe aus Kraft und Ausdauer, zu denen sich dann die Schnelligkeit gesellen sollte.

Im vorliegenden Falle stellte sich durch konsequentes, langsam gesteigertes Training eins nach dem andern automatisch ein. Durch systematische Beanspruchung wurde eine Kapillarisierung der Muskeln erreicht, durch Einhaltung des aeroben Laufens — d. h. nicht mehr Sauerstoff verbrauchen, als aufgenommen werden kann — eine Übersäuerung der Muskulatur vermieden. Über die höhere Mathematik dieser Materie gibt es richtungsweisende Bücher, z. B. von Dr. van Aaken, Werner Sonntag und Manfred Steffny, die mit gesteigertem Interesse gelesen und befolgt wurden.

Trotzdem ließ sich dieser verantwortungsbewußte Mann und Vater vor seinem ersten Marathonlauf ärztlich untersuchen. Er bat um einen Termin bei Dr. v. Aaken in Waldniel, der selbst ein passionierter Läufer war, bis er durch einen tragischen Unglücksfall beide Beine verlor. Im Rollstuhl sitzend, widmete er nun seine ganze Kraft und Erfahrung dem Laufsport.

Dieser Sportmediziner konstatierte anhand der klinischen Werte einen Zweiundvierzigjährigen, das reale Alter meines Mannes betrug jedoch damals 54 Jahre. Trotz aller positiven Angaben seines Patienten suchte der Laufpapst nach einer Ursache für dieses Laufvermögen, die seiner Meinung nach in der Jugend zu finden sein müßte.

Er hatte tatsächlich recht!

Wenn der Rigenser Schüler den Mittagsdampfer erreichen wollte, der ihn regelmäßig über den Stintsee zum Elternhaus brachte, mußte gut kalkuliert werden. Hatte nämlich dieses Verkehrsmittel die übliche Verspätung, konnten bei erstem Sichtkontakt die anderthalb Kilometer bis zur Anlegestelle noch geschafft werden, wenn der Knabe die Beine in die Hand nahm. Wie groß die Motivation war, nicht drei Stunden auf den nächsten Dampfer warten zu müssen, mögen die verlockenden Beschäftigungen am Nachmittag veranschaulichen. Im Winter wurde mit den Brüdern gebastelt (z. B. ein Fernrohr) und im Sommer bot allein der See unendlich viele Möglichkeiten. Bereits mit drei Jahren lernte das Nesthäkchen schwimmen, indem es sich Schilf unter die Achseln klemmte. Sehr wichtig für den späteren Triathleten!

Zu dritt hatte man auch eigenhändig ein Boot gebaut, von dem aus man angelte oder Schnüre zum Fangen von Aalen auslegte, die dann auch von den Jungs geräuchert wurden.

Dieser Mensch hat schon als Kind gern seine ganze Kraft für Dinge eingesetzt, die ihn interessierten, dabei aber nicht das Maß aus den Augen verloren. Auch die Ästhetik wurde nie vernachlässigt. Als er in Hanau-Rodenbach 1981 Deutscher Senioren-Marathonmeister seiner Altersklasse wurde, hieß es bei der Verleihung des Pokales, sein Laufstil wäre vorbildlich und es sei ein Genuß, diesen Sportler laufen zu sehen.

Ich kann das insofern bestätigen, als ich es ähnlich empfinde, wenn ich vor großen Wettkämpfen bei dem gezielten Training im Stadion dabei bin. Mit Stoppuhr und Tabelle ausgerüstet, signalisiere ich ihm dann bei jeder Runde durch Handzeichen, ob er sich über oder unterhalb der angestrebten Zeit befindet; die schnell ausgerechnete Differenz als Zahl rufe ich ihm dann hinterher. Als ich einmal »Zwei Sekunden minus« schrie, zog ich mir den Zorn einer Dame zu, die am Stadionrand auf einer Bank saß. Ob ich denn nicht sähe, daß dieser Mann sein bestes gäbe!

Ein anderes Mal war es umgekehrt. Während mein Läufer schimpfte, ich wäre nicht zu verstehen — man muß bedenken, daß ihm sein eigener Wind um die Ohren saust — meinten Spaziergänger, daß nun selbst die Kaninchen im Wald auf die Sekunde genau orientiert seien.

Dieses geradezu pedantische Training im Stadion muß ich noch kurz erläutern. Sich so auf einen Wettkampf vorzubereiten, daß man auf den Tag genau seine Topform erreicht hat, die nur für kurze Zeit aufrecht zu erhalten ist, grenzt an ein Kunststück. Dazu gehört die Fähigkeit, nicht nur das eigene Laufvermögen realistisch einzustufen, sondern auch ein sicheres Gefühl für ein völlig gleichmäßiges Tempo zu bekommen. Daher die 25 wie ein Uhrwerk abgespulten Runden im Stadion bei der Vorbereitung auf 10 Kilometer. Ist das Anfangstempo zu hoch, fehlt die Kraft am Ende; wird anfänglich zu verhalten gelaufen, könnte der Zeitpunkt für den Endspurt verpaßt und nicht jede Reserve ausgenutzt werden. Es gibt einen Erfahrungssatz: Nicht die Strecke tötet, sondern die Geschwindigkeit.

Natürlich kann man auch zuviel des Guten tun und ist dann übertrainiert, aber das führt hier zu weit.

Vor 100 km-Läufen oder Triathlon-Veranstaltungen wird das Training dann fast kriminell. Zu den geschilderten Studien im Stadion kommen dann automobile Einsätze: Wenn der Wettkampfbesessene das Haus laufend verlassen hat, fahre ich eine halbe Stunde später zu einer verabredeten Stelle. Während ich im Auto die Tageszeitung lese, kann ich im Rückspiegel sein Auftauchen abwarten. Bevor er mich erreicht hat, setze ich mich dann selbst in Trab, damit er ohne Tempominderung die Flasche übernehmen und daraus trinken kann. Das Wiederauffüllen der verbrauchten Flüssigkeit, Mineralsalze und Elektrolyte ist ganz wichtig.

Nach ungefähr einer halben Stunde wiederholt sich dieses Manöver auf der Gegenstrecke. Inzwischen habe ich die Zeitung ausgelesen und darf mit klebrigen Händen weiterfahren — bis an einen Baum. Wenn ich dort die Flasche mit dem restlichen Getränk deponiert habe, bin ich im Moment entlassen. Bis zum nächsten Mal!

Aber mit den vorbereitungsintensiven Wettkämpfen ist es wie mit einer Schwangerschaft: kaum ist man die selbstauferlegte Last los, hat man alle Beschwernisse auch schon wieder vergessen und steuert das nächste Ereignis an.

Manchmal möchte ich schon wissen, wie lange das noch so weitergeht, aber ich will es nicht so machen wie die neugierige Schneidersfrau mit den Kölner Heinzelmännchen und sage lieber gleich: je länger — je lieber.

Ein Mann braucht angeblich drei Frauen in seinem Leben: die Mutter, die Ehepartnerin, und mindestens eine Frau, die ihn für einen Mann hält.

Wie schön, wenn man alle drei Posten zugleich übernehmen darf!

L a u f w e t t b e w e r b e

Jahr	Nr.	Datum	Strecke	Zeit	Platz	Ort	im Ziel	als Läufer	M 55 = Altersklasse Männer 55-59 Jahre
1978	1	07.07	3 000	13:19,7					Sportabzeichen
1979	2	18.08	3 000	12:26,2					Sportabzeichen
	4	19.09	3 000	11:23,3					Bayerisches Sportabzeichen
	5	04.11	5 000	19:47,6					
1980	6	16.02	10 000	40:52					Bahnlauf Streckenmaß in Meter
	7	01.03	15	1:03:11	3. M 50	Dülmen	91	54	Erster Wettbewerb. Waldlauf Letzter i.Ziel 1:24:4o
	8	09.03	21,1	1:28:02	6. M 50	Krefeld	317	116.	Volkslauf Halbmarathon. Streckenmaß in km
	15	21.09	10	37:59	1. M 50	Arolsen	133	12.	Straßenlauf Spiridon-Laufseminar
	17	18.10	42,195	2:57:50	1. M 50	Hamm	103	13.	Erster Marathon. Letzter im Ziel 5:03:14 Std.
	18	19.11	25	1:36:23	2. M 50	Porz Köln	298	114.	Straßenlauf
1981	21	22.03	21,15	1:42:18	2. M 55	Teneriffa E	54	12.	Teide Berglauf 850 m Höhendifferenz Spiridonreise
	22	12.04	10	**35:41**	1. M 55	Porz	450	24.	Straßenlauf
	23	02.05	25	1:33:37	3. M 55	Kassel		28.	Senioren Bestenkämpfe Straße
	24	17.05	42,195	2:45:21	2. M 55	Frankfurt	2589	195.	2850 am Start,davon 84 in M 55 im Ziel.3168 Meldung.
	25	21.06	5 000	**17:46,4**	4. M 55	Leverkusen			Seniorenmeisterschaft Nordrhein-Westfalen
	30	03.10	42,195	2:45:16	1. M 55	Rodenbach Hanau	484	50.	Deutscher Senioren Marathon
1982	34	07.02	15	55:55	2. M 55	Refrath	585	110.	Winterlaufserie: 10+15+20 km = 2.Pl.zus.2:49:31 Std.
	43	23.05	42,195	**2:43:36**	4. M 55	Frankfurt	4677	320.	5370 Teilnehmer.M 55 120,davon 108 im Ziel.L 5:02:08
	44	12.06	3 000	**10:04,5**		Düsseldorf			Bahnlauf
	47	06.08	10 000	36:27,7		Troisdorf			Abendsportfest
	49	11.09	100 km	**8:05:33**	1. V II	Vogelgrun F	65	9.	Weltbestzeit M 55. 117 am Start, letzter 17:42:40 h
	50	09.10	25	1:34:56	3. M 50	Nettetal	417	52.	Eine Altersklasse 50+55
	51	23.10	42,195	2:43:51	3. M 50	Essen	760	126.	" AK 50+55 1124 Teilnehmer, davon 65 M 50 im Ziel
1983	52	06.02	21,695	1:33:18	1. M 55	Coamo Pto.Rico USA	657	316.	832 am Start
	56	15.05	42,195	2:44:52	4. M 55	Frankfurt	5117	422.	6040 am Start,davon 156 M 55,hiervon 135 im Ziel
	58	11.06	Stunde	15760 m		Remscheid			a.K.Vorlauf. Bester in M 55 Bahnlauf
	62	16.07	1,o/56/18	3:50:18	4. M 50	Arolsen	347	64.	Triathlon: Schwimmen/Radfahren/Laufen km.420 T.
	63	24-30.7	140 km / 9	9:45:10	2. AK II	Wingeshausen Sauerl.	173	55.	Hochsauerland-Lauftour 7 Tage 9 Etappen 200 Teiln.
	64	21.08	1,o/78/25	4:42:45	2. M 55	Koblenz	346	143.	Triathlon Gr.Preis v.Deutschland 1018 Teiln.L.6:27
	67	09.10	25	**1:33:25**	1. M 55	Ratingen Lintorf	118	16.	2.Pl.Mannschaft M 30 in 4:31:10 139 Teilnehmer
	68	16.10	20,835	1:25:46	2. M 55	Nürburgring	3 110	185.	3461 Meldungen
	69	29.10	10	36:44	1. M 55	Leverkusen	127	27.	
1984	71	14.04	100 km	8:05:59	1. M 55	Rodenbach	154	27.	300 Meldungen. 271 am Start
	72	13.05	42,195	2:48:25	3. M 55	Frankfurt	5 622	657.	6080 am Start,davon 121 M 55 6613 Meldg L.5:00:29
	73	16.06	Stunde	15914 m	2. M 55	Remscheid	98	23.	Stundenlauf
	75	24.06	20	1:18:40	4. M 55	Trier		163.	2500 Meldungen

Die Wandlungen einer Läuferfrau

Die Verfasserin wurde am 6. Juni 1935 in Magdeburg geboren. Vater Seidenhändler und Ratsherr, Mutter aus gutem Hause. Das genügte damals! Die Erkenntnis, daß eine Berufsausbildung die einzig notwendige Mitgift ist, kam für diese Generation zu spät.

Meine frühe Kindheit war behütet und bedroht zugleich, da von ersten Anzeichen einer sich anbahnenden Katastrophe begleitet.

Obwohl ich bei Kriegsausbruch erst vier Jahre alt war, kann ich mich an diesen 1. September 1939 noch erinnern. Es kam nämlich niemand, um mich anzukleiden. So stapfte ich im Schlafanzug durchs Haus und suchte nach einem menschlichen Wesen. Im Herrenzimmer wurde ich fündig: die ganze Familie war um den Volksempfänger versammelt. Da man in diesen Vorläufer eines Radios ungefähr hineinkriechen mußte, um sein Gekrächze verstehen zu können, hatte keiner der Lauschenden Augen für mich. Als ich nach dem Grund für ihre besorgten Gesichter fragte, hieß es nur, es sei Krieg. Also darunter konnte ich mir nicht viel vorstellen. Ich ging wieder in mein Zimmer und stieg allein in meine Kleider. Da ich dies unbehelligt tun konnte, ohne Wasser und Seife auch nur gesehen zu haben, fand ich diesen Tag gar nicht so schlecht.

An unserem Leben änderte sich vorläufig nichts. Wir reisten nach wie vor sehr viel, wenn auch nicht mehr ganz so weit. Wir Kinder hatten früh gelernt, bei Hunger, Durst oder Müdigkeit wortlos in uns hineinzusacken. Folglich durften wir die Eltern bei fast allen Gelegenheiten begleiten, zumal wir wegen der sich häufenden Bombenangriffe Privatunterricht hatten und von den Schulferien unabhängig waren.

Viele Kriegsjahre hindurch hatten wir wohl so etwas wie einen Schutzengel gehabt, bis wir am 16. Januar 1945 ausgebombt wurden. Als wir verzweifelt in der brennenden Stadt nach einem Unterschlupf suchten, nahmen uns Freunde meiner Eltern auf. Kurze Zeit später erschien uns der Hofmeister einer Tante wie ein Engel, weil er uns augenblicklich aus der zu 80 % zerstörten Stadt mit aufs Land nahm. Diese Freundin meiner Mutter hatte gottlob nicht nur sofort gehandelt, sondern bot mit ihrem Gutshaus auch räumlich die Voraussetzungen für unsere Aufnahme. In den Städten war Wohnraum zur Rarität geworden.

Mein Vater war noch in Magdeburg geblieben, wo er drei Wochen nach unserer Ausbombung tödlich verunglückte.

Bereits erwähntes Gutshaus war das größte am Platze. Es wurde bei Kriegsende zunächst amerikanische, dann russische Kommandantur und wir zogen um auf eine 2 km vom Dorf entfernte Kolonie, die nur aus wenigen Häusern bestand.

Ganz kurz ein paar Sätze über Schule und Ausbildung.

Erstere war in den Nachkriegsjahren wesentlich interessanter als zu geregelten Zeiten, denn die aus allen Himmelsrichtungen gekommenen Lehrer brachten durchweg ihre Lieblingsthemen und -erlebnisse in den Unterricht mit ein und so hörte man allerhand aus der Welt.

An meiner Ausbildung zur Apothekenhelferin war der Weg zur Lehrapotheke das härteste: sieben Kilometer, einfach gemessen, und identisch mit der Demarkationslinie. Fiel ich rechts in den Straßengraben, befand ich mich je nachdem, ob ich auf dem Hin- oder Rückweg war, in Deutschland Ost oder West. Dementsprechend waren die permanenten Kontrollen, die aber erst störend empfunden wurden, als ich vom Fußgänger — sollte auch dies ein jugendliches Grundtraining gewesen sein? — zum Radfahrer wurde. Als ich einmal einem deutschen Wachtposten nicht schnell genug gehalten hatte, um meinen amtlichen Passierschein vorzuweisen, bekam ich die Zähne eines Schäferhundes zu spüren. Die Wunde war nur oberflächlich, aber ich vergoß dicke Tränen. War doch der ärger als mein Oberschenkel betroffene Rock ungefähr das einzige Kleidungsstück, das ich noch unabgetragen geschenkt bekommen hatte. Aber das konnte der Hund ja nicht wissen.

Jedoch auch diese Zeiten des »Bitte beeil dich mit dem Waschen, ich brauche die Schüssel für den Kuchenteig« gingen vorüber und hinterließen eigentlich recht tüchtige Menschen.

Ich persönlich muß diesen harten Nachkriegsjahren wohl beinah dankbar sein, denn was wäre wohl aus dem zarten und verzärtelten Kind geworden, das z. B. nur weißes Brot vertrug! Jedem vernünftigen Menschen, der dies nicht glauben wollte, beförderte ich kräftigere Backerzeugnisse prompt wieder ans Tageslicht.

Nicht daß ich mich gesträubt hätte, diese zu essen; das gab es damals nicht. Erst die Tatsache, daß meine Heimatstadt in Schutt und Asche lag und somit die Versorgung der Bevölkerung mit Lebensmitteln völlig zusammengebrochen war, änderte daran etwas — beziehungsweise alles!

Ich möchte nun in meiner Schilderung vom Plauderton in eine ernsthaftere Gangart überwechseln und allmählich auf den gesundheitlichen Aspekt zu sprechen kommen.

Nach unbeschreiblichen Stunden im Luftschutzkeller mußten wir annehmen, verschüttet zu sein. Meiner Mutter platzte ein Trommelfell von der Druckwelle, und alle husteten wegen des Staubes, der durch sämtliche Ritzen drang. Als wir diesem Inferno dann doch noch lebend entkommen waren, waren wir völlig veränderte Menschen: mein Bruder fünfzehnjährig plötzlich ein Mann, mein Vater über Nacht fast ein Greis. Und ich vertrug plötzlich alles, was den Hunger stillte.

Das Pendel schlug derartig radikal um, daß ich noch heute weiß, wie elend ich mich als Kind oft fühlte. Bis dato vom Schulsport befreit — die anderen hatten im letzten regulären Schuljahr gerade schwimmen gelernt, während ich endlich meinen Blinddarm abgeliefert hatte — fand nun plötzlich die körperliche Ertüchtigung der Schulkinder auf dem Lande in Form von Feldarbeit statt. An lange Ferienwochen gewöhnt — sechs Wochen Ostsee im Sommer waren so obligatorisch gewesen wie vier Winterwochen in den Bergen — setzten mir diese Jahre nun schwer zu. Zwar gab es an den besonders anstrengenden Tagen bei dem jeweiligen Bauern warmes Essen unter freiem Himmel, was für uns Kinder, die wir nicht im Dorf selbst wohnten, von großer Bedeutung war. Traten wir doch dann gestärkt unseren langen Heimweg an, grundsätzlich neben unseren provisorischen Ranzen auch schwere Einkaufstaschen tragend, um unseren Müttern diesen Weg zu ersparen. Während ich einmal in der Mittagszeit darauf wartete, daß die gemischte Verkäuferin ihre Scherenschnitte an unseren Lebensmittelkarten beenden würde, um mir die fälligen 150 Gramm Margarine und 225 gr. Zucker abzuwiegen, kollabierte ich zum ersten Mal in meinem Leben, aber nicht zum letzten Mal.

Für erwähnenswert halte ich auch unsere nächtlichen Ausflüge zwecks Beschaffung von Kohlen auf unseren Kinderrücken. Zwar

war ich zu unsportlich und kurzbeinig, um auf einen Güterwagen zu klettern und meinen handgefertigten Rucksack selbst zu füllen, aber dafür war ich wieder »schön klein«, wenn es um eine gefährliche Passage unseres Heimwegs ging und konnte noch aufrecht gehen, wenn die anderen bereits robbten. Nur meine 10jährige Wirbelsäule hielt das wohl für buchstäblich untragbar und war ab dann eben nicht mehr ganz aufrecht.

Den schwersten Schlag jedoch bekam ich erst einige Jahre später. Ich hatte meine Berufsausbildung abgeschlossen, war in den »rechten« Straßengraben gefallen und glaubte an die Kraft meiner Jugend. Waren mir die Präparate der westdeutschen Pharmafirmen auch noch fremd, so mußte sich dies doch durch Fleiß und Engagement ausgleichen lassen. Als mein Mann und ich unser erstes Appartement gegen eine Wohnung in diesem Ärztehaus mit Apotheke, in der ich arbeitete, eintauschen konnten, hielt ich diese vereinfachende Lösung schlicht für ideal.

Sie hätte beinah den Rest meiner Gesundheit gekostet.

Bei sporadisch auftretenden Fieberschüben, die ich für grippale Infekte durch Ansteckung bei Kunden hielt, griff ich in unsere Schublade »Ad usum proprium« (zum eigenen Gebrauch), um die Kolleginnen nicht durch mein Fehlen zu belasten. Damals war eine Apotheke noch eine hektische Angelegenheit mit großen Warenumsätzen.

Mein Dienstweg führte mich also mehrmals täglich an der Tür eines Hals-Nasen-Ohren-Arztes vorbei, aber da ich schmerzfrei war, nicht hinein. An die frische Luft kam ich oft tagelang nicht. Kein Wunder, daß mein Herz schließlich streikte: ausgeprägter Herzmuskelschaden, mangelhafte Durchblutung der Herzkranzgefäße, Rhythmusstörungen übelster Art und anfallweises Herzrasen.

Ursache: chronisch vereiterte Mandeln, offensichtlich seit Jahren.

Obwohl diese Eiterherde sofort entfernt wurden, hatte ich noch nach Jahren oft Herzschmerzen und ähnliche Beschwerden. Ich sah häufig so alt aus, wie ich fürchten mußte, niemals zu werden.

Die Ärzte rieten zu Schonung, was ich nur allzu bereitwillig befolgte, zumal ich kaum noch etwas leisten konnte.

Aber man lernt schließlich auch mit solchen Dingen zu leben, und da ich langsam auf die Dreißig zuging, wurde es Zeit, an Kinder zu denken. In der Frauenklinik wurde ich dann fast zum Stammgast. Als ich zum siebten Mal erschien, entrangen sich der stationsschwesterlichen Brust die Worte: »Nein! Nicht schon wieder!« Aber bei Besuch Nr. 4 hatte es sich gelohnt, denn wir bekamen ein süßes Bündelchen Tochter mit nach Hause. Kein Wunder, daß sich dieses Kind bei seinem Geburtshelfer Dr. P. unter anderem mit den Worten bedankte: »So glatt zur Welt kam ich noch nie! Den Schnitt hat die Mami, der Kaiser sind Sie.«

Für die Häufigkeit meiner Zwangsaufenthalte in diesem Krankenhaus mag auch sprechen, daß ich zweimal die gleiche Bettnachbarin hatte, was natürlich zu einer engen Bekanntschaft führte, zumal wir beide ein kleines Mädchen bekommen hatten. Als jener stolze Vater das neue Familienmitglied filmte, schwenkte er mit der Kamera auch zu mir herüber. Diesen Teil des Filmes habe ich zum Glück nie gesehen, denn er wurde von jenem rücksichtsvollen Menschen sofort vernichtet. Ich muß ausgesehen haben, als würde ich jeden Moment den Löffel abgeben.

Ich glaube, nun habe ich Ihnen hinlänglich geschildert, wie schlecht es mir schon ergangen ist. Die Wende begann für mich in Form eines Buches, das mir ein Freund mit den Worten in die Hand drückte: »Lies das mal, du schonst dich zuviel!« Tatsächlich schrieb darin ein Arzt, daß auch ein geschädigtes Herz trainiert werden müsse.

Also versuchte ich es mit zunächst homöopathisch dosierter Aktivität und ging spazieren. Der Nutzeffekt war minimal, denn was Spaziergänger leisten, kommt zwar dem Kreislauf zugute, aber vor allem dem ihres Hundes.

Mein Arzt bot mir eine Kur an, was mich zunächst in die Praxis seines Vertrauensarztes beförderte. Da solch ein Mensch entgegen dieser Bezeichnung vor allem mißtrauisch zu sein hat und Motorschäden nicht unbedingt am Lack erkennbar sind, machte dieser Internist selbst noch einmal ein EKG. Ich sehe ihn noch am Gerät stehen, den menschlichen »Fernschreiber« beobachtend. Sein Kommentar: »Mein Gott, wie kommen Sie denn zu dem EKG?« Aber er versuchte mich auch aufzuheitern mit den Worten: »Ach, wissen Sie, ich habe schon Patienten gehabt, die damit noch zehn Jahre gelebt haben.« Ein ungeheurer Trost, wenn man 33 Jahre alt ist und ein dreijähriges Kind hat.

Die Kur wurde genehmigt und zeitigte einige Wunder, z. B. die Erkenntnis, wohl doch nicht organisch krank zu sein, denn losgelöst von allen Pflichten ließen die Beschwerden nach. Auch hier ein unbezahlbarer ärztlicher Rat: Der Ruhe soll die Bewegung und der Bewegung die Ruhe folgen. — Die Dame, mit der ich das Zimmer teilte, war eine resolute Rheinländerin. Wenn ich nach unseren Märschen erschöpft aufs Bett fiel, stellte sie ihr Radio leise; wenn ich eine Stunde gelegen hatte, sagte sie, nun hätte ich mich lange genug ausgeruht, jetzt ... Unsere Tisch- und Wandergefährten schienen putzgesund zu sein. Daß dieser Schein trog, hörten wir erst später, aber sie waren trotzdem ansteckend fröhlich und vor allem sehr bewegungsfreudig. Statt eines Kurschattens gab es also mehrere Kursonnenseiten und am Ende dieser fünf Wochen konnte ich an einem Tag insgesamt zwanzig Kilometer wandern, eine unglaubliche Leistung für mich zu damaliger Zeit.

Nicht nur Politiker wissen, wie schwer die Wende ist!

Wieder zu Hause, wurden nun auch hier die Ruhepausen »laufend« gekürzt und die Spaziergänge ganz allmählich zu tempoforciertem Gehen. Aber bis zu der Erkenntnis, daß Kräfte durch kontinuierliche Beanspruchung so gesteigert werden können, daß man nach einer größeren Strecke erfrischt ist, benötigte ich schon noch einige Jahre. Heute stellen sich gelegentlich baumausreißerische Gefühle ein, die ich früher kaum kannte. Ein ungefähr täglicher Rundgang von 6 km Länge mit eingebauten Steigungen, je nach Tagesform in 50—70 Minuten absolviert, ist mir nun zum Bedürfnis und zur Freude geworden:

Wenn ich in meine Laufschuhe schlüpfe,
streife ich einige andere Dinge ab:
Das alltägliche Kleid aus Pflichtgefühl,
vom Leben übergestülpt,
mit Knöpfen aus Kochen, Waschen, Putzen
oder einem Reißverschluß aus Hausfrau.
Gelegentlich auch einem engen Gürtel
aus Familie.

Dann laufe ich los, dem Licht entgegen.
Mit jedem Schritt werde ich freier,
werfe Ballast ab.
Ich vergesse das Leid in der Welt
und das Wirtschaftsgeld,
die Beule am Auto und
die rauchenden Freunde unserer Tochter.
Setze einfach meine Gedanken
auf eine kleine weiße Wolke
und laufe, laufe, laufe ...

Erlebnisse aus der Vergangenheit,
Gedanken an die Zukunft
erstehen als Bild und Weg
vor meinem inneren Auge.
Saiten schwingen leise
und erzeugen eine Melodie,
die mich mit Wohlklang erfüllt.
Eine Quelle sprudelt.

Wenn ich dann
meine Laufschuhe wieder ausziehe,
nehme ich alles gern wieder zur Hand:
Das maßgeschneiderte Kleid
aus Freude an der Pflichterfüllung
mit dem Reißverschluß
aus Disziplin und Ordnung,
das kunterbunte Hüfttuch
der Familie und Freunde —
und behalte noch eine Hand frei
für ein bißchen Nächstenliebe.
Der Pfeil zeigt wieder nach oben.

CONDITION
Die Zeitschrift für Ausdauersport
•••
24 STUNDEN — Neuer deutscher Frauen-rekord
•••
HOECHST-MARATHON
•••
SPORT und
CONDITION, die älteste Läuferzeitschrift, mit neuem, anspruchsvollem Redaktionskonzept — in einem neuen Verlag —
● Medizin, Ernährung, Sportwissenschaft, Psychologie
● Lauftreff, Trainingspraxis, Ultralanglauf, laufende Ärzte
● Läufermarkt, Tourismus, Bücher
● Lauf der Welt, Veranstaltungen
● Dazu die große Lauf-Reportage
Als Redakteur zeichnet: Werner Sonntag
Ein Probeheft überzeugt (bitte 80 Pfennig Porto),
bei: IGÄL-Geschäftsstelle, Falkenberg 45, 5600 Wuppertal 1,
oder: Meyer & Meyer Verlag GmbH, Am Bayerhaus 23, 5100 Aachen. •••
MEYER MEYER VERLAG

Prof. Dr. med. Jung

Die Schweizer Waffenläufe

Seit Jahren erfreut sich die Sportart Waffenlauf in der Schweiz einer großen Popularität. 700 bis 1000 Läufer sind jeweils bei jedem der zehn Meisterschaftsläufe am Start, ohne die Zahl der Starter bei den Veranstaltungen an den Wochenenden.

Prof. Jung, selbst Langläufer und Mitorganisator des Deutschlandlaufes, bringt genügend Erfahrungen und Kenntnisse mit, um aus berufenem Munde diese Schweizer Langlaufvariation darstellen zu können.

24,80 DM

ISBN 3-89124-043-0

Reihe: Theater-Spiel Protokolle Band 1

Angebote mit Hilfen für Spielgruppen und Spielleiter aller Art soll dieses praxisnahe Buch bieten.

Folgende Themen werden behandelt:
- Übungen zum besseren Kennenlernen
- Übungen zur Vorstellungskraft
- Elementare Übungen für Spielgruppen auf der Bühne
- Sprechübungen, Mimik und Gestik
- Inszenierungsübungen für Spielgruppen

2. Auflage 17,80 DM

ISBN 3-89124-002-3

edition laufen und leben

Werner Sonntag

Mehr als Marathon

Handbuch für Ultralangläufer

Band 2

In seinen beiden Bänden »Mehr als Marathon«, der erste Band, der seit Herbst '85 auf dem Markt ist, hat sich schon eine breite Leserschaft erobert, zeigt Werner Sonntag etwas von der Faszination auf, die diesen Sport begleitet.

Nach den grundlegenden Informationen im ersten Band liefert er in diesem Buch u. a. Hinweise zu den Veranstaltungen des Ultralanglaufes und portraitiert einige Koryphäen dieser Strecken.

24,80 DM

ISBN 3-89124-039-2

Reihe: Theater-Spiel Protokolle Band 2

Weitere Übungen und Hilfen zum Theaterspiel.

Schwerpunktmäßig werden in diesem Buch Vorschläge zu Theateraufführungen in Schule, Heim, Kindergarten und Ferienmaßnahmen angeboten.

Wie kann ich meine Gestik verbessern? Wie kann ich mich wirkungsvoller darstellen?

Mit Register für Band 1 und 2

17,80 DM

ISBN 3-89124-006-6

ABENTEUER PRIVAT

Werner Setzen

Lappland

Werner Setzen hat bei mehrfachen Reisen dieses Land auf Schusters Rappen durchquert und seine Faszination erlebt.

In diesem Buch hat er seine Erlebnisse zusammengefaßt und mit faszinierenden Fotos, die er selber geschossen hat, ergänzt, um auch uns dieses Land und seine Menschen nahe zu bringen, um uns die Faszination seiner Reisen miterleben zu lassen.

24,80 DM

ISBN 3-89124-038-4

Alexander von Reumont

Reihe: Theater-Spiel Ein kreativer Versuch

Es sind erst zwei Jahrzehnte her, daß Männer auch ihre innersten Gefühle auf der Leinwand zeigen durften. Möglich wurde dies durch eine neue, revolutionäre Schauspielmethode. Das »Actors Studio« in New York war die Keimzelle für eine neue Generation von Schauspielern und Lee Strasberg ihr Initiator.

Alexander von Reumont, selbst Schüler am »Actors Studio«, läßt in diesem Buch den außerordentlichen Reiz und die Freude am Lernen, die der Strasberg-Methode eigen ist, lebendig werden.

17,80 DM

ISBN 3-89124-020-1

Karl Voß

Theater Selbermachen — ein erster Schritt

Das Buch gibt Hinweise zum theatralischen Handwerkszeug, zur Verbesserung der Ausdrucksfähigkeit und zur Förderung der Fantasie.

Es richtet sich an alle, die Spaß am Theaterspielen haben und nach einem Werk suchen, sich selbst in das Erlebnis Theater einarbeiten zu können.

17,80 DM

ISBN 3-89124-037-6

THEATER

NEMO

Spaß an Pantomime

»Spaß an Pantomime« beschäftigt sich mit einem der reizvollsten Gebiete für alle am Theater und Spiel interessierten Menschen.

Jeu sans parole — das Spiel ohne Worte, wird von NEMO, einem der bekanntesten deutschen Pantomimen, in seine Einzelheiten zerlegt und der interessierte Leser wird angeregt, es mit seiner Kreativität, mit seinem Körper wieder auferstehen zu lassen.

Ca. 200 Fotos

25,00 DM

ISBN 3-89124-014-7

Jeff Galloway

Richtig Laufen mit Galloway

Der weltbekannte Langläufer Jeff Galloway weist in diesem Buch darauf hin, daß es nicht unbedingt von dem Umfang des Trainings abhängt, ob man schneller oder größere Strecken laufen kann. Er zeigt auf, daß es oft genug besser ist, weniger zu laufen, und daß man dennoch lange Strecken problemlos und in einer guten Zeit zurücklegen kann. Auf das richtige Training, das richtige Laufen kommt es an

24,80 DM

ISBN 3-89124-040-6

MEYER MEYER VERLAG

Am Bayerhaus 23 5100 Aachen Telefon 0241 556033/34